JN297556

Minerva Shobo Librairie

# 新しい特別活動

理論と実践

広岡義之
［編著］

ミネルヴァ書房

はじめに

　「より早く，より正確に，より効率よく」行動することが求められる現代ストレス社会のなかで，振り回され，自分らしさや自分のペースを見失い，ストレスにまみれた多くの子どもたちの姿が見て取れる。こうしたストレスに押しつぶされないように，子どもたちなりに，消極的に編み出したのが「不登校」であり，逆に強引に自分のペースを守ろうとすると「いじめ」という攻撃反応が出てくる。こうした過度の緊張や競争の場である学校をいかに「支持的な風土」に変えていくかという視点がきわめて重要であり，本書のなかではその改善策の切り札として「特別活動」を位置づけたい。ボルノーのいう「教育的雰囲気」がここでも再認識されるべきだろう。つまり教師と子どもたちとの間の信頼関係がきわめて重要な前提となるのである。

　模範となるべき大人，家庭や地域の教育力が低下しているなかで，現代社会に生きる子どもたちが，自らの日常の生活空間である学校そのものに楽しさや憩いを感じなくなって久しい。こうした日本の教育的閉塞感を改善するために，文部科学省は2008（平成20）年に，学習指導要領を改訂した。そこで重要な役割を果たしているのが，教育改革の核の一つである「特別活動」のさらなる充実という方針である。そこで本書では主として小・中・高等学校の新学習指導要領に沿った形で，特別活動についての考察を深めることにした。また，近年の教育実習生は，実習に参加した折に，特別活動に触れる機会も増加しているという。本書は，特別活動に実際にどのように対処し，計画を立てればよいかという点にも配慮して執筆されている。

　本書は，主として大学生を対象とした特別活動の入門書である。それゆえ，テキストという性格上，内外の多くの研究者の成果を援用させていただいたが，原則的に引用註は省かざるをえなかった。その代わりに，各章末に参考文献というかたちで諸文献を紹介させていただいた。これらに関係する方々にもお許

しを請うとともに厚くお礼申しあげたい。

　また本書刊行に際しては，ミネルヴァ書房編集部の浅井久仁人氏にお世話になるところが多く，いつも温かいご配慮をいただき，衷心から感謝する次第です。こうした地味な学術書の出版が容易でない時代であるにもかかわらず，快く本書の出版を引き受けてくださったご厚意にこの場をお借りしてお礼を申しあげます。

　学校教育における「特別活動」の状況を一瞥するならば，今後の課題も多く，筆者たちはさらなる自己研鑽に取り組むつもりである。顧みてなお意に満たない箇所も多々気づくのであるが，これを機会に十分な反省を踏まえつつ，大方のご批判，ご叱正，ご教示を賜り，さらにこの方面でのいっそうの精進に努める所存である。

　　　2015年1月31日

　　　　　　　　　　　　　　　　　　　執筆者を代表して　広岡　義之

新しい特別活動　目次


はじめに

第1章　特別活動とは何か──特別活動の現代的意義と歴史的変遷……… *1*
　1　特別活動の現代的意義……………………………………………………… *1*
　2　特別活動の歴史的変遷……………………………………………………… *7*

第2章　特別活動の目標………………………………………………………… *16*
　1　特別活動の教育的意義とその目標……………………………………… *16*
　2　特別活動の目標の史的変遷……………………………………………… *18*
　3　目標達成の前提──望ましい集団を通じての育成…………………… *21*
　4　学校校種別の目標………………………………………………………… *23*

第3章　各活動・学校行事の目標と内容…………………………………… *33*
　1　小学校における各活動（学級，児童会，クラブ，学校行事）の
　　　目標と内容………………………………………………………………… *33*
　2　中学校における各活動（学級，生徒会，学校行事）の目標と内容…… *41*
　3　高等学校における各活動（ホームルーム，生徒会，学校行事）の
　　　目標と内容………………………………………………………………… *46*

第4章　小・中・高等学校における特別活動の改訂の要点……… *53*
　1　「特別活動」の主な改善点………………………………………………… *53*
　2　高等学校学習指導要領解説にみる改善点……………………………… *64*

第5章　教科指導（総合的な学習の時間を含む）と特別活動……… *69*
　1　小学校の各教科および外国語活動と特別活動………………………… *69*

iii

  2　道徳教育と特別活動……………………………………………… *75*
  3　総合的な学習の時間と特別活動 ………………………………… *78*
  4　各教科と各活動および学校行事 ………………………………… *82*
  5　学ぶ土壌を育てる特別活動 ……………………………………… *83*

## 第 6 章　指導計画の作成と内容の取扱いと配慮事項 …………… *86*
  1　特別活動の指導計画の作成と内容の取扱いと配慮事項 ……… *86*
  2　学級活動，児童会・生徒会活動の「年間指導計画」と配慮事項 …… *88*
  3　学校行事の年間指導計画と配慮事項 …………………………… *89*

## 第 7 章　特別活動の評価 ……………………………………………… *101*
  1　評価の意義と機能 ………………………………………………… *101*
  2　特別活動における評価の在り方 ………………………………… *103*
  3　指導と評価の実際──小学校の事例：「友だち集会を計画しよう」 ……… *112*
  4　指導と評価の実際──中学校の事例：「大切にしよう！自分の心・身体」…… *115*

## 第 8 章　特別活動の指導案の作成（1 単位時間の指導計画）……… *119*
  1　小学校における特別活動の指導案 ……………………………… *119*
  2　中学校における特別活動の指導案 ……………………………… *127*
  3　高等学校における特別活動の指導案 …………………………… *133*
  4　R - PDCA とサブ・カリキュラム ……………………………… *136*

## 第 9 章　特別活動の実践事例 ………………………………………… *138*
  1　学級活動⑵「栄養バランスを考えた食生活（第 3 学年）」の事例
  　　【小学校】………………………………………………………………… *138*
  2　児童会活動「図書委員会」の事例【小学校】………………… *141*
  3　クラブ活動「音楽クラブ」の事例【小学校】………………… *143*
  4　学校行事「修学旅行」の事例【小学校】……………………… *146*

5　学級活動(1)「学級目標・個人マニフェスト作成」の事例【中学校】…149
　　6　生徒会活動「『いじめ』について，共に学び，共に語り合おう！」
　　　　の事例【中学校】……………………………………………………152

第10章　特別活動の指導原理 ……………………………………………159
　　1　人間関係にかかわる子どもたちのもつ今日的課題 ……………159
　　2　学習指導要領に示される指導原理 ………………………………172
　　3　「望ましい集団活動」………………………………………………172
　　4　「自発的，自治的な活動」——学校は社会の縮図 ………………175

第11章　学級・学校集団の理論 …………………………………………181
　　1　今日の学級・学校集団の現状と課題 ……………………………181
　　2　学級集団づくりの理論 ……………………………………………187
　　3　リーダーシップ理論からみた学級，学校集団 …………………190
　　4　学級・学校におけるリーダーシップ教育 ………………………194

索　引

第1章

# 特別活動とは何か
――特別活動の現代的意義と歴史的変遷――

　過度の緊張や競争の場面である学校をいかに，支持的な風土に変えていくかという視点は今日ではきわめて重要であり，本章ではその改善策の切り札として「特別活動」を位置づけて論じていきたい。またそのような「特別活動」がいかにして今日のような形態になってきたのかを，国内外の歴史等を視野に入れて時系列的に説明する。さらに戦後日本では，1968（昭和43）年の学習指導要領改訂において初めて「特別活動」という名称が使用されたが，元来，特別活動では課外活動や教科外活動として，古くから実施されていた。そこで本章では，特別活動の呼称が定着する以前から，現代までの歴史的変遷をたどり，特別活動の現代的意義を考察することにしたい。

## 1　特別活動の現代的意義

### (1) 集団活動としての特別活動が求められる学校教育の背景

　特別活動は，子どもたちが学校生活で楽しみにしている教科外活動の一つであり，1951（昭和26）年の学習指導要領改訂から教育課程の一領域として位置づけられ，現在に至っている。2008（平成20）年（高等学校は2009年）改訂の学習指導要領において，特別活動領域では「人間関係」が重要な言葉になっている。犬塚文雄によれば，学校生活では，仲間や所属集団との折り合いがつけられずに，悪戦苦闘している子どもたちが多くいるという。犬塚の表現を借りて比喩的に説明すれば，自分自身に対して"I am not OK"，仲間に対して"You are not OK"，所属集団に対して"We are not OK"という心理的状態に

あり，この3つの"not OK"状態の子どもたちが多数いるということが問題を深刻にしている。

　近年では身勝手で自己中心的な行動に走る子どもが多く目に付く一方でそれとはまったく逆に，周囲に気を使いすぎて疲労困憊して不登校になる事例も多くある。さらに周囲に合わせないといじめの対象となるのが怖くて，はやし立てる「観衆」になったり，見て見ぬふりをする「傍観者」的な立場になる子どもたちも数多いという。いずれにせよ，現代の子どもたちはこのような学校生活のなかで，過度の緊張や競争の場面で，強い防衛反応をおこしているのが現実である。「より早く，より正確に，より効率よく」行動することが求められる現代ストレス社会で，振り回され，自分らしさや自分のペースを見失い，ストレスにまみれた多くの子どもの姿が見て取れる。こうしたストレスに押しつぶされないように，子どもたちなりに消極的に編み出したのが「不登校」であり，逆に強引に自分のペースを守ろうとすると「いじめ」という攻撃反応が出てくると犬塚は分析している。

　こうした過度の緊張や競争の場面である学校をいかに，支持的な風土に変えていくかという視点がきわめて重要であり，その改善策の切り札として「特別活動」を位置づけたい。ボルノーのいう「教育的雰囲気」がここでも再認識されるべきだろう。つまり教師と子どもとの間の信頼関係がきわめて重要な前提となるのである。そうした前提のもとで，学校の支持的風土を高める実践が行える場面を考えた場合，「特別活動」こそが一番ふさわしいものであろう。そこで「認め合う」集団づくりと「高め合う」集団づくりを展開することが肝要である。まず「認め合う」集団づくりでは，お互いの気づきの「分かち合い」を通して，自分や仲間の良さや個性，持ち味を認め合う場や機会を意図的に特別活動のなかで設定し，"I am OK"と"You are OK"の実感をできる取り組みが求められよう。心の居場所としての学校（学級）づくりが喫緊の課題となる。次の「高め合う」集団づくりであるが，「みんな違ってみんないい」という風土を構築することが大切になってくる。具体的には違うもの同士が集まって，自分たちの集団の価値観や基準，文化の創造を目指すことである。子ども

たちが所属集団との折り合いをつけて"We are OK"の心理的状態の回復を期待する取り組みが重要になるだろう。この2つの実践を行えるのがほかでもない特別活動の領域なのであり，そこに特別活動の今日的課題と意義を見出しうるのである。

### (2) 特別活動の特質

　特別活動の目標は小学校学習指導要領に従えば，「望ましい集団活動を通して，心身の調和のとれた発達と個性の伸長を図り，集団の一員としてよりよい生活や人間関係を築こうとする自主的，実践的な態度を育てるとともに，自己の生き方についての考えを深め，自己を生かす能力を養う」ことである。そこから同解説書において，特別活動では，望ましい人間関係の育成，基本的な生活習慣の形成，健康で安全な生活を心掛ける態度の育成，日本人としての自覚，公共に奉仕する精神の涵養などにかかわる指導の充実が求められている。

　小学校を例にとるならば，特別活動の第一の特質は，学級活動，児童会活動，クラブ活動および学校行事の4つで構成されているが，いずれの場合も，集団によって，児童自身が自主的実践的に展開する活動である。学級活動はクラス単位で，児童会，クラブ活動は学年やクラスの枠を超えた集団である。そしてそのいずれも，集団のなかでさまざまな他者とかかわり，自分自身を成長させることを目指すのが特別活動である。従前の特別活動の指導では，何を行うかという活動の内容が重視されたが，2008（平成20）年の改訂では活動内容に加えて，全員が参加できる集団運営の方法や考え方の指導計画が実施されることが重要であるとされている。つまり特別活動は集団過程自体が教育の内容であるという考え方が今回の改訂の中核的な趣旨となっている。

　第二の特質は，特別活動は自己実現的活動であるという点である。ここで自己実現的活動とはどういうことを意味するのだろうか。学校における教育活動は，手段的活動と自己実現的活動に区分される。ここで手段的活動とは子どもたち一人ひとりの将来の目標を達成するために，その手段となる知識や技術，社会的態度を習得させる教育活動である。それは子どもたちがやっていること

に意味を見出し，満足を得られることよりも，むしろ社会から要求される知識や技能，態度を習得させることが重要であると考える。各教科等はどちらかといえば手段的活動に当たる。それに対して自己実現的活動とは，学習それ自体が子どもたちに意味充足感や満足感を与える活動である。それゆえ特別活動は，子どもたちが活動によって意味充足感をもつことが目標とならなければならない。子どもたちにとって手段的活動ばかりになると，不登校や学級の荒れ等の逸脱行動を生み出しかねないのである。

　特別活動の第三の特質は，多人数による集団活動や異年齢で構成される集団による活動という点である。数十年前には地域社会のなかに自然発生的に存在していた仲間集団は，異年齢的構成になっていたが，それは特別なものではなかった。たとえば，筆者が小学生の頃の体験であるが，家の近くの公園で，人数がそろえばすぐにソフトボール（三角ベース）の試合をするのが常であった。その時には，小学生もいれば中学生もいた。あるいはそのなかには平日の放課後の時間であったがなぜか大人たちも交じって，真剣に楽しく本気で2つのチームに分かれて対戦することもあった。年齢等のさまざまなハンディーキャップも合理的に解決して，試合が進められ夕暮れ近くまで泥まみれで汗を流して楽しんだ経験を筆者は今でも忘れられない。ところが近年は，自然発生的なこのような子ども同士の遊びの機会が失われてしまった。さまざまな時代的要因もあるだろう。仲間集団が持つ固有の文化は，異年齢の子どもたちの間で次の世代に伝達されるものである。その過程で子どもたちは，児童期に体験しなければならない対人的態度やルールの感覚を身につけることができるのである。

　特別活動の第四の特質は，心身の調和のとれた発達を目指す総合的活動である。他の教育活動は，心身の一側面の発達に重心が置かれているが，特別活動では，心身の健康や安全，豊かな情操や意志，望ましい人間関係，自発的・自主的・実践的な態度等，人間全体としての調和的発達を目指している。その意味で，特別活動は総合的活動であるといえるだろう。

## （3）特別活動の現代的課題

　こうした集団活動としての特別活動の現代的課題とはどのようなものだろうか。第一に，児童期の「社会化」（socialization）の問題があるだろう。以前の家庭では兄弟姉妹の数が多く，子どもたちは家族のなかで社会生活の基盤となる社会化を自然に経験できた。また地域の自然発生的な仲間集団の遊びを通しても，責任感や協力的態度，自主性，実践能力等を身につけることが自然にできていた。異年齢同士の役割や機能を体験的に理解し実践することも可能であった。しかし社会構造の激変により，兄弟姉妹の数が減り，仲間集団はますます閉鎖的になり，子どもたちが集団生活をすることのできる場は，学校のなかにしか求めることができなくなってきた。こうした現代特有の状況にあって，学校教育における集団生活を通して人間形成をめざす特別活動の課題はきわめて大きいといわねばならない。

　現代社会では，制度化されてきた「学校観」は周知のとおり崩壊寸前である。「先生のいわれることをよく聞く」ことは，かつては世間の常識であったのが，現在ではそれが必ずしも常識でなくなっており，学校が学習集団としての機能を果たすためには，担任の先生に対して子どもたちが愛と信頼を保持しなければならず，特別活動の時間は，教師と子どもの間の愛と信頼の教育的関係を構築するという課題が与えられているといえるだろう。

## （4）新しい特別活動が今後めざす方向性
### ① よりよい人間関係を築く力の育成

　人間関係の希薄化は学校教育においても深刻な問題である。そのために，よりよい人間関係を築く力は必須の課題でもあり，「望ましい集団活動」を指導原理とする特別活動に大きな期待が寄せられている。そこで「全体目標」や「各内容ごとに設定された目標」のすべてに「人間関係」の文言が入り，指導の徹底を求めることとなった。学級集団，児童会・学級会やクラブ活動（小学校），学校行事等を通して，多様で豊かな経験をすることができるように配慮されている。

② 「自立した生活者」を育てる

　変化の激しい現代社会を生きるにあたって，自立した生活者になるためには，自らの目標や希望をもち，基本的な生活習慣を身につけ，健康や安全に関する実践的な知識や方法を習得することが必要である。特別活動の内容の特質に応じた集団活動を通して，他者とかかわるなかで，自己を生かす能力を身につけることを目指している。

③ 他者とともに協働し，共に生きていく態度を身につける

　学級も学校のいわば小さな社会に変わりない。その意味で，特別活動において，社会生活を営む上で必要な協力・協働・協調を育むことが重要である。また自己を律しつつ，他者を思いやり共に生きていく態度をめざしたい。さらに新しい特別活動では，従前以上に，実社会のなかでのボランティア活動や長期の集団宿泊活動で，自然や社会やさまざまな人々とかかわる機会を提供し，総合的な学習の時間等とも連携を図りつつ，ダイナミックな生き方学習を通じて，実践的な社会性を身につけることを目指している。

④ 多様な集団活動を通して創造的に問題解決ができるようにすること

　2008（平成20）年改訂では，小学校の学級活動に新たに，低・中・高学年ごとの内容が示された。さらに児童会活動，クラブ活動，学校行事の目標，内容が具体的に示されたために，従前の指導計画がたんに題材や活動，行事の一覧しか作成しなかったことと比較して，各内容・行事ごとの各種の指導計画を作成し多様な集団活動が適切かつ効果的に展開されるように大幅に改善された。特に，学級活動，児童会活動，クラブ活動の指導については，その指導内容の特質に応じて，より良い生活を構築するために，集団としての意見をまとめるなどの自発的な話し合い活動や自分たちできまりを作って守る活動の充実を求めている。換言すれば，創造的で問題解決的な集団活動の充実が小学校の新しい特別活動ではとくに期待されているといえるだろう。

## 2　特別活動の歴史的変遷

### （1）欧米の特別活動的教育活動の歴史

　ここでは，主として塩見剛一の論に依拠しつつ，広義の特別活動を歴史的に振り返ることとする。古代ギリシアの学校の学生組合や学生自治等まで含めることができるだろう。これは現在の児童会・生徒会活動や，学校行事，クラブ活動に相当するもので，中世ヨーロッパでは，ボローニャ大学等で学生自治による権利保持の制度として確立されてきた。また課外活動としては，たとえばイギリスのパブリック・スクールの代表校の一つであるイートン校やラグビー校では，人文主義的教養とスポーツを通じた紳士教育が教育理念として掲げられ，その結果，スポーツ活動が課外活動として学校教育に定着するようになった。イートン校とハロー校とのクリケット対抗戦は現在でも人気の的となっているほどである。ちなみにハロー校はチャーチル首相の出身校である。またとくに1567年に創設されたラグビー校は，19世紀頃の名校長でパブリック・スクールの中興の祖とされているトマス・アーノルドの指導のもとで徹底した人格教育が施された。ヒューズの小説『トム・ブラウンの学校時代』（1857）のなかで，アーノルド校長時代のラグビー校が描写されている。1823年にサッカーのクラス対抗戦の最中に，熱中していたエリス少年がサッカーボールをかかえたままゴールに走り込んだルール違反のプレーが，ラグビーの起源となった。

　ルソーやペスタロッチのいわゆる自然主義教育の思想もまた特別活動につながる教科外教育に深く関連している。たとえばペスタロッチの遺著である『白鳥の歌』の有名な言葉「生活が陶冶する」は，まさに教育の生活経験重視の考えが含まれている。知識中心の教育観ではなく，生活中心の教科外教育の重視という点で，自然主義教育は，特別活動の源泉となっている。

　19世紀末葉から20世紀前半，自然主義の流れから派生して児童中心主義を標ぼうする新教育運動が全盛期を迎えることとなる。1889年，イギリスのセシル・レディが新教育運動の先駆けとなるアボッツホーム校を創設したが，これ

は古典語偏重の形式陶冶を改め，労作等を取り入れた幅広いカリキュラム構成で，教科外活動に軸足が置かれていた。それに続いて，フランスの社会学者ドモランは，ロッシュ[岩の意]の学校を開設し，その後に創設された類似の学校は「田園教育舎」と呼ばれている。日本でも「児童の村」小学校等の新教育運動の学校が開設され，レクリエーション活動，工作，道徳，自治活動等，従来の教科以外の活動が子どもの生活に即して展開され，特別活動の萌芽としてすでに展開され始めていた。

イートン校（筆者撮影）

20世紀初頭のアメリカ合衆国の公教育において，ようやく課外活動が認められるようになった。19世紀末から，すでに課外活動や教室外活動として児童生徒の自治的な活動や学校主催の集団活動が展開されていた。こうした活動が，青年期の人格形成に有意義であることが認められ，その後少しずつ正規の教育課程のなかに編入されていくことになる。

## （2）戦前の日本の特別活動の歴史的変遷

戦前の日本では，教育の中核は教育勅語であった。これは勅令主義であり，天皇の意思が国家の意思と理解され政策が展開された。教育と徴兵は国家の中核的働きであり政府が直轄するという中央集権主義がとられ，天皇制国家としての「臣民」の育成が焦眉の課題であった。このような体制下で特別活動は，「課外活動」と呼ばれ，儀式，運動会，遠足，学芸会等の教科以外の諸活動を総称するものであった。

近代日本の教育は1872（明治5）年の学制発布から開始されるが，当時の政府は教科教育に重点を置いた公教育を考えており，課外活動や，教科外活動は軽視されていたのが実状である。しかし他方で運動会や儀式等の学校行事は，

明治初期から重視され,今日の特別活動の前史として位置づけられる。興味深いのは,アメリカでの課外活動は,自主的活動が中心であったが,日本の学校行事の場合,学校や行政の統制がともなうという相違点である。

　日本の行事では,1874（明治7）年に,東京築地の海軍兵学校寮での「競闘遊戯会（アスレチック・スポーツ）」が日本で初めての運動会として記録されている。札幌農学校や東京大学の高等教育機関でも同類の運動会が開始された。その後,森有礼初代文部大臣の意向で,兵式体操の普及とともに明治20年代には,全国の小学校でも,運動会が広く開催されるようになる。日露戦争（明治37～38年）の影響で,戦意高揚のために,軍事色の強い競技（騎馬戦等）が定着していく。

　運動会と同様,遠足や修学旅行も明治20年代から30年代にかけて,全国に普及してくる。遠足は元来,「隊列運動」として隊列を組んで歩く行事で,一種の歩兵訓練であった。修学旅行は,1886（明治19）年に東京師範学校の「長途遠足」が始まりとされている。大正時代に入ると,修学旅行は,鉄道網の発達によってさらに広まってくる。昭和期では皇国主義思想の影響で,靖国神社,宮城（皇居のこと）,伊勢神宮に参拝する「参宮旅行」として継承されてくる。

　日本が戦争を進めていくのと歩調を合わせるかのように,学校行事も軍事色が強くなっていく。特に学校で行われる儀式的行事では,国家体制の趣旨が反映されていく。1890（明治23）年に発布された教育勅語は,天皇の勅令であり,「忠君愛国」の精神の涵養を目指す教育に関する基本理念であった。教育勅語や御真影等を収めていた建物である奉安殿が全国の小学校に建設され,毎日,奉安殿礼拝が行われた。こうした日常の儀式を通して皇国主義思想の教化が進められ,儀式のもつ統制的な役割が強められていった。

　教育勅語が発布された翌年,1891（明治24）年には「忠君愛国」の精神を育むために,「小学校祝日大祭日儀式規定」が公布された。祝日大祭には,児童生徒は登校し,御真影の拝礼,天皇・皇后陛下に万歳奉祝,教育勅語奉読が実施された。1893（明治26）年には文部省は,「祝日大祭日唱歌」を定め,学校の儀式で,君が代とともに斉唱されるようになる。

クラブ活動の領域では，明治前期に弁論大会や校友会が高等学校や大学等で始められた。校友会としては，演説，討論活動，運動競技部が設定され，明治期後半になると，小学校や中学校でも普及していく。
　しかし他方で大正期は，いわゆる「大正デモクラシー」の影響を受けて，一時的であれ自由教育が花開いた。子どもたちの自主活動を尊重した音楽教育等の芸術教育や全人教育が展開され，学芸会等で存在の成果が顕著になった。こうした子どもたちの自主性や創造性の育成運動は，画一的な統制を図ろうとした政府の国家主義に逆らうものであったが，その歴史的意義は深いものであった。しかし昭和10年代になると，さらに軍事色が強まり，こうした大正デモクラシー運動は弾圧されるようになり，1941（昭和16）年，小学校は国民学校に改組され，軍国主義一色の教育に至ることになる。このように明治期から終戦までの「課外活動」は教科教育の補完的要素が強く，そのために特別活動の固有の教育的価値は，戦後に評価されることになる。

（3）戦後の日本における学習指導要領上の変遷
　戦後の日本の学校教育は，戦前，戦中の軍国主義や国家主義教育の反省を踏まえて，平和主義と民主主義を標ぼうすることとなった。言い換えれば，戦前の勅令主義に対して法令主義の立場にたったのである。民主主義教育の理念によって「課外活動」の教育的価値や意義を見直すことが求められた。1947（昭和22）年に公布された教育基本法はまさに戦後教育の基本理念を提示するものであった。
　同年4月に国民学校は小学校の名称にもどり，いわゆる新制中学校と新制高等学校が開始された。翌年の学校教育法は，そうした教育改革を実現する学校制度を規定し，戦前の「教授要目」に代わって同年，作成された学習指導要領は，教科課程（現在の教育課程）の手引という位置づけがなされた。ここから，戦後の学校教育における特別活動の変遷を学習指導要領に即しつつ回顧してみよう。

① 1947（昭和22）年版　（試案）

　「試案」としての学習指導要領では，戦前の教科としての修身・公民・歴史・地理が廃止され，それに代わって社会科・家庭科・自由研究等が新設された。この「自由研究」が，特別活動の第一歩となる。名前が異なるだけでなく，教科として位置づけられていた。小学校4年生以上は必修教科として，また中学・高等学校では選択教科の一つとして設定された。内容的には，教科の発展としての自由な学習であったが，クラブ活動，当番や学級委員の仕事等の教科外の活動も包含され，実態としてはクラブ活動や，授業の補習に当てられることが多かった。

② 1951（昭和26）年版　（試案）

　1951年の第一次学習指導要領改訂において，学習指導方法が進歩したため，自由な学習は，各教科の学習時間内で可能となったとの判断で，自由研究は廃止されることになった。そのかわりに小学校では「教科以外の活動」が新たに設定され，児童会，学級会，クラブ活動，各種委員会等が登場した。さらに「教科以外の活動」が含まれるようになったために，従前の教科課程が，教育課程と変更された（実際には中学校の学習指導要領改訂に先立って1949年5月の文部省通達によって，「特別教育活動」が制定されている）。

③ 1958（昭和33）年版

　1958年（高等学校は1960年）の第二次改訂の学習指導要領は，「試案」ではなく，文部省「告示」（公示）となり，法的拘束力が生じることとなる。試案にはなかった学習指導要領の目的と内容が明記された。同年の学校教育法施行規則の改正により，小・中学校では，各教科，道徳，特別教育活動，学校行事の四領域から教育課程が編成されることになった。高等学校では道徳を除く三領域となった。

④ 1968・69（昭和43・44）年版

　教育課程審議会は，1966（昭和42）年に，教育課程の改訂について「各教科及び道徳と相まって人間形成上，重要な役割を果たす特別教育活動と学校行事を統合して，新たな特別活動とする」という答申を提出した。それをふまえた形で，1968年（中学は1969年，高等学校は1970年）の第三次改訂では，特別教育活動と学校行事が統合されて，特別活動が新設された。これが「特別活動」の名称の源流であり，ここから小学校と中学校の教育課程は，各教科，道徳，特別活動の三領域となった。高等学校では特別活動ではなく「各教科以外の教育活動」という名称になり，教育課程は，各教科と各教科以外の教育活動の人間領域となった。中学校でも1969年に同様の改訂が行われた。高等学校では1970（昭和45）年に，特別教育活動と学校行事を統合し，新たに「各教科以外の教育活動」を設定し，クラブ活動が必修となった。

⑤ 1977（昭和52）年版

　1977年の第四次改訂（高等学校は1978年）では，教育課程改善の基本方針として，小・中・高等学校の一貫性が求められ，高等学校でも特別活動の名称が使用されるようになった。当時は受験競争等で「落ちこぼれ」や非行問題が深刻になり，知育偏重を改める流れのなかで，「ゆとり教育」が注目されるようになった。「ゆとりの時間」は，特別活動の内容に関連して実施されることが多くなり，特別活動の意義も再認識されるようになった。特別活動の改訂の中核は以下のとおりである。

　　（ア）これまでの目標に加えて「自主的・実践的態度を育てる」ことが強調された。
　　（イ）内容を，学級活動，児童・生徒会活動，クラブ活動，学校行事とした。
　　（ウ）学校行事のなかに，勤労・生産的行事が加わった。

第1章 特別活動とは何か

⑥ 1989（平成元）年版
　1989年の第五次改訂では，従来の学級活動と学級指導が統合されて，学級活動になった。これによって，特別活動は，学級活動（高等学校ではホームルーム活動），児童会・生徒会活動，クラブ活動，学校行事の四領域で構成されることになった。これは現在までそのままの形で継続されている。また学校行事で，奉仕や勤労に関する体験的な活動を重視する改善が図られた。

⑦ 1998（平成10）年版
　1998年の第六次改訂（高等学校は1999年）では，「生きる力」を理念として「ゆとり教育」が展開され，完全学校週5日制が実施された。とりわけ「総合的な学習の時間」が新設され，具体的な目的や内容について，詳細に記載され，改革の目玉として取り扱われた。中・高等学校での「クラブ活動」が廃止され，その代わりにボランティア活動や地域での体験学習が新たに加わった。

⑧ 2003（平成15）年（一部改正）
　その後2003年に学習指導要領の一部改正が行われた。いわゆる「歯止め規定」の運用緩和，つまり教育課程を適切に実施するために必要な年間授業時間数の確保等が推進された。また習熟度別授業等の「個」に応じた指導のさらなる充実について示された。これは国際的な学力調査（PISA調査）を通じて日本の子どもの学力低下が顕著になり，緊急的対応として「確かな学力」を育むための教育課程の見直しが検討されたが，特別活動の方針に変化はなかった。

⑨ 2008（平成20）年
　「生きる力の育成」は継続され，知識の習得，学習意欲を身につけさせるために，1968〜69年改訂以来，40年ぶりに総授業数と学習内容が増加することとなった。また教育基本法の改正が行われたため，公共の精神の育成や伝統・文化の尊重，我が国と郷土を愛するとともに，国際社会の平和と発展に寄与する態度を養成することも新学習指導要領に追加されたものの，道徳の教科化は見

送られた。安倍総理大臣は，道徳の教科化の実現に向けて積極的な姿勢で臨んでおり，2014（平成26）年10月に，中央教育審議会は「道徳に係る教育課程の改善等について（答申）」を取りまとめた。また体験的な学習やキャリア教育等を通じて，学ぶ意義を認識することが必要である。さらに豊かな心や健やかな体の育成のための指導の充実が強調されている。特別活動の改訂の中核は以下のとおりである。

 （ア）特別活動が，よりよい人間関係を構築するための自主的な態度を育てる教育活動であることをさらに明確にするために，目標に「人間関係」が加えられた。

 （イ）学級活動では，それを通じて育てたい態度が新たに目標として示された。具体的には，よりよい人間関係を築く力，協力して学級や学校の生活の充実や向上を図る態度の育成等である。

 （ウ）いわゆる小1プロブレムや中1ギャップ等の集団の適応に関する問題や，思春期の心の問題を充実する観点から内容項目の改善が図られた。

 （エ）学校行事では，それを通じて育てたい態度等が新たに目標として示された。特によりよい人間関係を築く力，公共の精神を養うこと，社会性の育成を図ることが重視された。

**参考文献**
塩見剛一（2010）「特別活動の歴史と意義・目標」広岡義之編著『新しい特別活動論』創言社。
新保真紀子（2010）『小1プロブレムの予防とスタートカリキュラム──就学前教育と学校教育の学びをつなぐ』明治図書出版。
高旗正人・太田佳光（2011）「特別活動の今日的課題」高旗正人・倉田侃司編著『新しい特別活動指導論　第2版』ミネルヴァ書房。
犬塚文雄（2013）「当別活動の今日的意義──教育臨床の視点から」田中智志・橋本美保監修，犬塚文雄編著『特別活動論』一藝社。
広岡義之編著（2010）『新しい教育課程論』ミネルヴァ書房。
宮崎和夫（2007）「特別活動の歴史と現代的意義」原清治編著『特別活動の探究』学文社。
文部科学省（2008）『小学校学習指導要領解説　特別活動編』（平成20年8月）東洋館

出版社。
文部科学省(2008)『中学校学習指導要領解説　特別活動編』(平成20年9月)ぎょうせい。
文部科学省(2009)『高等学校学習指導要領解説　特別活動編』(平成21年12月)海文堂出版。

(広岡義之)

第 2 章

# 特別活動の目標

　前章で特別活動の史的変遷を通じて,それのもつ今日的な意義を確認したが,本章では,文部科学省が示す学習指導要領特別活動編を中心にその目標の理解を深めたい。特に,特別活動の目標が「心身の調和的発達」「個性の伸長」「人間としての生き方(在り方)についての自覚」等,児童生徒の諸能力の調和的発展にあることを確認したい。これらの目標は,子どもたちが昨今遭遇しているさまざまな状況を鑑みると,今日の特別活動のもつ目標の重要性が容易に理解できる。
　以上のような,全般的な目標と合わせて,各活動・行事別の目標についても説明する。また特別活動の独自性はその方法として「集団」を通じての教育実践にあるが,同時に望ましい集団を形成することも目標とすることから,その育成方法についても理解をはかりたい。

## 1　特別活動の教育的意義とその目標

　特別活動の史的変遷から理解できるように特別活動が目標とする,諸活動を通じての人間形成はきわめて重要である。多くの教育学研究者が唱えてきたように,教育の目標を人格の完成・人間形成と考えた場合,教育の専門的機関である学校は単に教科中心の系統的知識・情報の伝達に終始するのではなく,人格の完成に向けての教育的刺激,体験を積む場として企図されなければならない。この理念を実現するために,教科指導に加え,人格の完成をめざすための特別な時間・場である「特別活動」が設けられた。このことは,昨今の子どもたちをとりまく状況から鑑みると,学校での特別活動を通じての人間形成の重

第 2 章 特別活動の目標

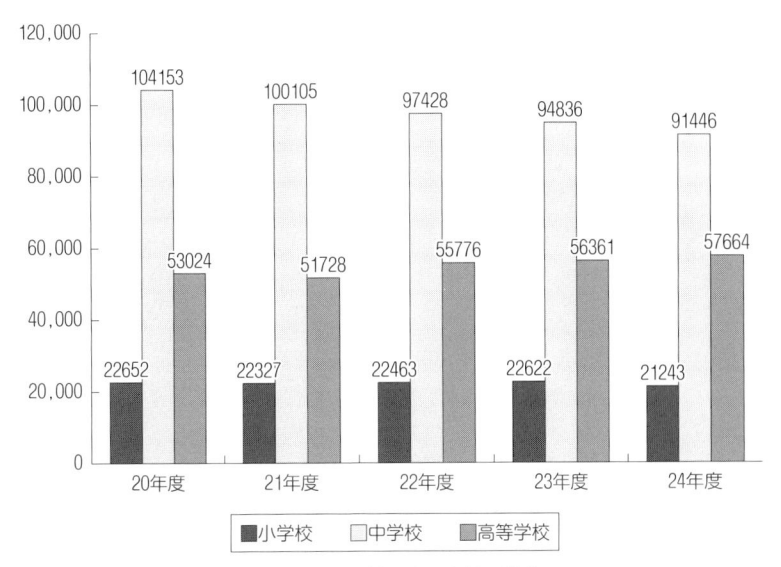

図 2-1 不登校児童・生徒の推移

（出所）　文部科学省「児童生徒の問題行動等生徒指導上の諸問題に関する調査」（平成25年12月）より作成。

表 2-1　いじめや，友人との人間関係に関する現出率

|  | 校種 | 平成18年 | | 平成23年 | |
| --- | --- | --- | --- | --- | --- |
|  |  | 調査校での現出率 | 1000人当たり人数 | 調査校での現出率 | 1000人当たり人数 |
| いじめ | 小学校 | 29.5 | 1.3 | 29.1 | 2.5 |
|  | 中学校 | 64.9 | 7.8 | 53.5 | 6.6 |
|  | 高等学校 | 44.7 | 1.8 | 43.0 | 1.8 |
| 友人との人間関係に関する問題 | 小学校 | 70.2 | 6.7 | 56.0 | 8.5 |
|  | 中学校 | 94.8 | 29.4 | 84.8 | 23.2 |
|  | 高等学校 | 94.7 | 24.4 | 88.9 | 18.6 |

（出所）　日本学校保健会「保健室利用状況に関する調査報告書」平成18年，平成23年より作成。

要性をあらためて痛感する。

　図 2-1，表 2-1，表 2-2 は，「不登校児童・生徒数」や保健室という児童・生徒の本音が露見する場から観た「いじめ」や「友達との人間関係の問題」の統計値である。これらの数値は近年の子どもたちのおかれている状況を

表2-3 リストカット等の自傷行為に関する問題

| 校種 | | 平成18年 | | 平成23年 | |
|---|---|---|---|---|---|
| | | 調査校での現出率 | 1000人当たり人数 | 調査校での現出率 | 1000人当たり人数 |
| リストカット・自傷等の問題 | 小学校 | 9.4 | 0.2 | 5.2 | 0.2 |
| | 中学校 | 72.6 | 3.7 | 65.2 | 4.5 |
| | 高等学校 | 81.9 | 3.3 | 80.2 | 3.7 |

（出所）日本学校保健会「保健室利用状況に関する調査報告書」平成18年，平成23年より作成。

顕著に示している。つまり，このことから子どもたちがふつうに社会や集団とコミュニケーションをすることや，自分や他者の命を大切にするといった常識的な生活実践が困難な時代になっていることが推察できる。読み，書き，計算といった系統的知識・技能習得も重要であるが，命の大切さや，円滑な人間関係の維持等，人格形成上の課題を習得することが今日の学校教育の喫緊の課題になっている。

## 2　特別活動の目標の史的変遷

今回の学習指導要領の改訂により特別活動の目標においても若干の文言の変更がみられた。本節では，学習指導要領で示された特別活動の目標の変遷を概観することにより，あらためて特別活動がめざすところの目標を理解したい。

表2-3より，改訂の度に若干の文言の言い換えや補足がみられる。たとえば，中学校の目標において1998（平成10）年では「よりよい生活を築こうとする…」であったものが2008（平成20）年では「よりよい生活や人間関係を築こうとする…」になり，校種間においては，中学校では「人間としての生き方についての自覚…」が高校では「人間としての在り方生き方についての自覚…」等である。このように，若干の文言の変更や違いはあるものの，特別活動の目標の核たるものは，校種，年代に関係なくほぼ一定であるといっても過言ではない。そして毎回盛り込まれる共通の文言があり，これらが特別活動の目標の

第2章 特別活動の目標

表2-3 特別活動の目標の変遷

| 改訂年度 | 学校種 | 目標の内容 |
|---|---|---|
| 昭和43年<br>（小）<br>昭和44年<br>（中）<br>昭和45年<br>（高） | 小学校 | 望ましい集団活動を通して，心身の調和的な発達を図るとともに，個性を伸長し，協力してよりよい生活を築こうとする実践的な態度を育てる。 |
| | 中学校 | 教師と生徒および生徒相互の人間的な接触を基盤とし，望ましい集団活動を通して豊かな充実した学校生活を経験させ，もって人格の調和的な発展を図り健全な社会生活を営む上に必要な資質の基礎を養う。このため，1　自律的，自主的な生活態度を養うとともに，公民としての資質，特に社会連帯の精神と自治的な能力の育成を図る。2　心身の健全な発達を助長するとともに，現在および将来の生活において自己を正しく生かす能力を養い勤労を尊重する態度を育てる。3　集団の一員としての役割を自覚させ，他の成員と協調し友情を深めて，楽しく豊かな共同生活を築く態度を育て，集団の向上発展に尽くす能力を養う。4　健全な趣味や豊かな教養を育て，余暇を善用する態度を養うとともに，能力・適正等の発見と伸長を助ける。 |
| | 高等学校 | 望ましい集団活動を通して豊かな充実した学校生活を経験させ，自律的，自主的な生活態度を養うとともに，民主的な社会および国家の形成者として必要な資質の基礎を育てる。このため，1　人間として相互に尊重しあい友情を深めるとともに，集団の規律を遵守し，責任を重んじ協力して共同生活の充実発展に尽くす態度を養う。2　広く考え，公正に判断し，誠実に実践する態度を養うとともに，公民としての資質，特に社会連携の精神と自主的な能力の伸長を図る。3　心身の健康を増進し，個性を伸長するとともに，人間としての望ましい生き方を自覚させ，将来の生活において自己を実現する能力を育てる。4　健全な趣味や豊かな情操を育て，余暇を活用する態度を養うとともに，勤労を尊重する精神の確立を図る。 |
| 昭和52年<br>（小・中）<br>昭和53年<br>（高） | 小学校 | 望ましい集団活動を通して，心身の調和のとれた発達を図り，個性を伸長するとともに，集団の一員として自覚を深め，協力してよりよい生活を築こうとする自主的，実践的な態度を育てる。 |
| | 中学校 | 望ましい集団活動を通して，心身の調和のとれた発達と個性を伸長するとともに，集団の一員としての自覚を深め，協力してよりよい生活を築こうとする自主的，実践的な態度を育てる。 |
| | 高等学校 | 望ましい集団活動を通して，心身の調和のとれた発達を図り，個性を伸長するとともに，集団の一員として自覚を深め，協力してよりよい生活を築こうとする自主的，実践的な態度を育て，将来において自己を正しく生かす能力を養う。 |
| 平成元年<br>（小・<br>中・高） | 小学校 | 望ましい集団活動を通して，心身の調和のとれた発達と個性の伸長を図るとともに，集団の一員として自覚を深め，協力してよりよい生活を築こうとする自主的，実践的な態度を育てる。 |
| | 中学校 | 望ましい集団活動を通して，心身の調和のとれた発達と個性の伸長を図り，集団の一員としてよりよい生活を築こうとする自主的，実践的な態度を育てるとともに，人間としての生き方についての自覚を深め，自己を生かす能力を養う。 |
| | 高等学校 | 望ましい集団活動を通して，心身の調和のとれた発達と個性の伸長を図り，集団の一員としてよりよい生活を築こうとする自主的，実践的な態度を育てるとともに，人間としての在り方生き方についての自覚を深め，自己を生かす能力を養う。 |

*19*

| 平成10年<br>(小・中)<br>平成11年<br>(高) | 小学校 | 望ましい集団活動を通して、心身の調和のとれた発達と個性の伸長を図るとともに、集団の一員として自覚を深め、協力してよりよい生活を築こうとする自主的、実践的な態度を育てる。 |
|---|---|---|
| | 中学校 | 望ましい集団活動を通して、心身の調和のとれた発達と個性の伸長を図り、集団や社会の一員としてよりよい生活を築こうとする自主的、実践的な態度を育てるとともに、人間としての生き方についての自覚を深め、自己を生かす能力を養う。 |
| | 高等学校 | 望ましい集団活動を通して、心身の調和のとれた発達と個性の伸長を図り、集団や社会の一員としてよりよい生活を築こうとする自主的、実践的な態度を育てるとともに、人間としての在り方生き方についての自覚を深め、自己を生かす能力を養う。 |
| 平成20年<br>(小・中)<br>平成21年<br>(高) | 小学校 | 望ましい集団活動を通して、心身の調和のとれた発達と個性の伸長を図り、集団の一員としてよりよい生活や人間関係を築こうとする自主的、実践的な態度を育てるとともに、自己の生き方についての考えを深め、自己を生かす能力を養う。 |
| | 中学校 | 望ましい集団活動を通して、心身の調和のとれた発達と個性の伸長を図り、集団や社会の一員としてよりよい生活や人間関係を築こうとする自主的、実践的な態度を育てるとともに、人間としての生き方についての自覚を深め、自己を生かす能力を養う。 |
| | 高等学校 | 望ましい集団活動を通して、心身の調和のとれた発達と個性の伸長を図り、集団や社会の一員としてよりよい生活や人間関係を築こうとする自主的、実践的な態度を育てるとともに、人間としての在り方生き方についての自覚を深め、自己を生かす能力を養う。 |

(出所) 筆者作成。

基本的な理念と考えられる。それらは「心身の調和的発達」「個性の伸長」「集団（社会）の一員として自覚し、よりよい生活を築こうとする自主的、実践的態度を育てる」「人間としての生き方（在り方）についての自覚を深めること」「自己を生かす能力」である。つまり、

① 心身の調和的な発達が育成されること。
② 個性が伸ばされること。
③ 集団（社会）の一員であることを自覚するようになること。
④ よりよい生活を築こうとする自主、実践の態度が身につくこと。
⑤ 人間としての生き方（在り方）についての自覚が深まること。
⑥ 自己を生かす能力が育成されること。

が史的変遷から読みとれる、特別活動の変わらぬ目標といってよい。

## 3 目標達成の前提——望ましい集団を通じての育成

### (1) 集団を通しての目標達成

　特別活動を実践するにあたって常に留意しなければならないことがある。それは，その実践方法として，望ましい集団活動を通じての教育活動でなければならないことである。たとえば，実習期間中に学級活動・ホームルーム活動で自己の職業適性について考えることを目標とした授業を任されたとしよう。30分の時間を与えられ，30分間自分のアルバイト体験などを講話したとする。非常に感動的な話で，子どもたちの反応もよかった。この実習生の学級活動での実習授業はこれでよかったのであろうか。答えはノーである。

　特別活動の教育実践は集団相互の教育的かかわりでなければならない。したがってこの場合，15分間は子どもたちへの講話で問題はないが残りの15分は例えばグループ・班を作りその話を材料に生徒相互間の感想などを発表させ，そのグループ体験を通じて子どもたちの職業適性についての理解，興味，関心を高めていかなければならないということである。

### (2) 目標達成のための望ましい集団

　このように特別活動は集団を通じて行わなければならない教育活動だとすると，さらなる課題は，望ましい集団という意味内容である。なぜなら集団を通じての教育活動が前提だとすれば，その集団が人間形成上望ましい集団でなければ，そこでの教育活動はまったく無意味な活動になってしまうからである。したがって，特別活動を実践するにあたっては，教育目的に適った望ましい集団を形成できているかということが，その活動の成否を決定する教師の重要な教育実践になるということである。

　このような観点からも，学習指導要領解説では望ましい在るべき集団の内容を提示している。たとえば小学校の場合は，

> ア　活動の目標を全員でつくり，その目標について全員が共通の理解をもっていること。
> イ　活動の目標を達成するための方法や手段などを全員で考え，話し合い，それを協力して実践できること。
> ウ　一人一人が役割を分担して，その役割を全員が共通に理解し，自分の役割や責任を果たすとともに，活動の目標についてふり返り，生かすことができること。
> エ　一人一人の自発的な思いや願いが尊重され，お互いの心理的な結び付きが強いこと。
> オ　成員相互の間に所属感や所属意識，連帯感や連帯意識があること。
> カ　集団の中で，お互いのよさを認め合うことができ，自由な意見交換や相互の関係が助長されるようになっていること。

とされている。

また，中学校，高等学校においても小学校の内容とめざすところは同じで次のように提示されている。

> ア　集団の各成員がお互いに人格を尊重し合い，個人を集団に埋没させることがないこと。
> イ　それぞれの個性を認め合い，伸ばしていけること。
> ウ　民主的な手続きを通して，集団の目指すべき目標や集団規範が設定されていること。
> エ　お互いに協力し合って望ましい人間関係を築き，充実した学校生活を実現していくことができること。
> オ　少数が支配する集団活動，単なるなれあいの集団活動ではないこと。

## （3）集団形成の留意点

　目標達成のための望ましい集団は上述したとおりであるが，これらの集団の形成は自然発生的にできるものではない。望ましい集団形成に何らかの教師の適切な関与，指導が必要不可欠になる。そこで，その方法論として参考になるのが，表2-4に掲げたグループ活動をする際の，ファシリテーターと呼ばれるグループ促進者の留意点である。ファシリテーターとは，個人の心理的成長

表2-4　ファシリテーションのねらい

| |
|---|
| ① グループの安全・信頼の雰囲気形成<br>　・居心地の良い空間・場を形成，保障する。<br>② 相互作用の活性化<br>　・グループ相互のコミュニケーションを活性化させること。<br>③ ファシリテーションシップの共有化<br>　・ファシリテーターが一貫してファシリテーションシップをとり続けるよりは，折々に各メンバーがとる方が個人，グループに有益。<br>④ メンバー自身の自己理解の援助<br>　・グループメンバーの自己理解がすすむよう援助する。<br>⑤ グループからの脱落・心理的損傷の防止<br>　・グループの進展にともない，脱落しそうな人，心理的損傷を受けそうな人がでないように心掛ける。 |

(出所)　野島一彦著（2000）『エンカウンター・グループのファシリテーション』ナカニシヤ出版，10ページを参照，加筆して作成。

を目指すエンカウンター・グループと呼ばれる小集団活動のスタッフ・促進者のことで，教師は特別活動の時間ではファシリテーションシップ（個人や相互間，集団全体の成長のために促進的，援助的に働きかけること）を発揮することが重要になる。とりわけ「グループの安全・信頼の雰囲気の醸成」「グループ相互の活性」「グループからの脱落・心理的損傷の防止」等を心がけることが望ましい集団活動の基本的な条件になる。いずれにせよ重要なことは，特別活動の主役はどこまでもグループのメンバー（児童生徒）であって，メンバー各員の自主的，自発的態度を尊重しながら，教員は縁の下の力持ち的な役割に徹するということである。ただどうしてもグループメンバー員だけで望ましい集団活動の維持が困難な場合は，教師の関与の度合いが強くなることはやむをえない。

## 4　学校校種別の目標

　表2-3「特別活動の目標の変遷」で示したように，戦後の特別活動の目標は若干の文言の変更はあるがその内容は一貫している。今回（小，中学校平成20年，高等学校平成21年度）の改訂でも，概ね前回の内容を踏襲しているが，

活動や行事に関しては前回と違い、より詳細に目標点が挙げられている。この点をふまえながら以下、小、中学校の目標を平成20年度学習指導要領から、また高等学校は平成21年度の学習指導要領から各学校種別にその内容を詳述する。

（1）小学校における目標（平成20年度より）

学習指導要領で示されている小学校の特別活動の目標は以下のとおりである。

> 望ましい集団活動を通して、心身の調和のとれた発達と個性の伸長を図り、集団の一員としてよりよい生活や人間関係を築こうとする自主的、実践的な態度を育てるとともに、自己の生き方についての考えを深め、自己を生かす能力を養う。

以上の内容について、小学校学習指導要領特別活動編の解説にそって全般的な目標の留意点と、各活動別の目標内容について説明する。

① 小学校の全般的な目標

これらの目標を達成するためには、5つの観点からのアプローチを必要としている。具体的には「望ましい集団活動の展開と育成」「個人的な資質の育成」「社会的な資質の育成」「自主的、実践的な態度の育成」「自己の生き方・自己を生かす能力」である。以下その要点を解説する。

(1) 望ましい集団活動の展開と望ましい集団の育成

特別活動は望ましい集団活動を通じて児童一人ひとりの個人的な資質や社会的な資質を育成していくわけだが、同時に児童が在籍する学級、児童会、クラブ活動といった集団そのものも、望ましい形態で展開されていくことが目標になる。つまり、教師は一人ひとりの人間的成長に加え、特別活動を通じて子どもたちがかかわる集団も、人間形成を可能にする望ましい集団に育成しなければならない。

(2) 個人的な資質の育成

「個人的な資質」とは心身の調和がとれ、かつ社会的な自己実現を可能にする集団の一員としての役割を自覚できる人格ということになる。したがって、

ここでの個人は自己中心的なものではなく，集団から認められ，他者との協調性を維持するなかで自分らしさを発現できる人格となる。

(3) 社会的な資質の育成

「社会的な資質」とは自己の役割や責任を果たす態度，多様な他者とお互いの良さを認め合って協力する態度，規律を守る態度，人権を尊重する態度といった社会性の基礎的態度のことである。この基礎的態度を育成するためには児童がお互いの個性を認め合うなかで，与えられた役割を自覚し，責任をもって仕事を果たす経験を積み重ねることになる。

(4) 自主的・実践的な態度の育成

特別活動の教育実践は，教師と児童を交えた集団を通じての教育活動である。この場合教師はどちらかといえばサポート役で，あくまでも児童間の営みを中心に活動が行われる。したがって児童の課題は，さまざまな活動場面で自主的に行動を起こし，自ら判断できるかどうかということになる。この自主実践の態度がまさしく特別活動の中心的な目標となる。

(5) 自己の生き方についての考えを深め，自己を生かす能力を養う

他者との活動のなかで，人は初めて自分の生き方について客観的にみつめることができる。いい意味での他者との違いを認識して自己の洞察を深め，自分らしい生き方，自分にあった進路を考えるきっかけとなる活動が目標となる。

② 小学校の各活動・行事別目標

今回の改訂では，各活動・行事別に目標が提示された。各活動・行事の目標は，全体目標の重要事項が各活動・行事に分散されるかたちになっている。したがって，各活動・行事の目標達成が自ずと特別活動の目標の達成になる。小学校学習指導要領で提示されている各活動・行事の目標は次のとおりである（表2-5）。

すべての活動・行事目標として，「自主的，実践的な態度を育てること」および「望ましい人間関係の形成」が示されており，各活動・行事においてこれらの目標が達成できるように諸活動を行うことが求められている。

表2-5　小学校での各活動・学校行事の目標

| 学級活動 | 学級活動を通して，望ましい人間関係を形成し，集団の一員として学級や学校におけるよりよい生活づくりに参画し，諸問題を解決しようとする自主的，実践的な態度や健全な生活態度を育てる。 |
|---|---|
| 児童会活動 | 児童会活動を通して，望ましい人間関係を形成し，集団の一員としてよりよい学校生活づくりに参画し，協力して諸問題を解決しようとする自主的，実践的な態度を育てる。 |
| クラブ活動 | クラブ活動を通して，望ましい人間関係を形成し，個性の伸長を図り，集団の一員として協力してよりよいクラブづくりに参画しようとする自主的，実践的な態度を育てる。 |
| 学校行事 | 学校行事を通して，望ましい人間関係を形成し，集団への所属感や連帯感を深め，公共の精神を養い，協力してよりよい学校生活を築こうとする自主的，実践的な態度を育てる。 |

（2）中学校における目標（平成20年度より）

学習指導要領で示されている中学校の特別活動の目標は以下のとおりである。

> 望ましい集団活動を通して，心身の調和のとれた発達と個性の伸長を図り，集団や社会の一員としてよりよい生活や人間関係を築こうとする自主的，実践的な態度を育てるとともに，人間としての生き方についての自覚を深め，自己を生かす能力を養う。

以上の内容について，中学校学習指導要領特別活動編の解説にそって全般的な目標の留意点と，各活動別の目標内容について説明する。

① 中学校の全般的な目標

小学校と同様に，これらの目標を達成するためには5つの観点からのアプローチを必要としている。具体的には「望ましい集団活動の展開と望ましい集団の育成」「個人的な資質の育成」「社会的な資質の育成」「自主的，実践的な態度の育成」「人間としての生き方の自覚と自己を生かす能力の育成」である。以下その要点を解説する。

(1) 望ましい集団活動の展開と望ましい集団の育成

上述したように，特別活動は望ましい集団活動を通じて生徒一人ひとりの個人的な資質や社会的な資質を形成する教育活動である。このことは，生徒が在籍する学級や生徒会といった集団活動が，望ましい形態で展開されなければならないことを意味する。望ましさの内容として，たとえば少数支配やなれ合いの集団でないことが挙げられる。このように，教師は一人ひとりの人間的成長に加え，特別活動を通じて生徒がかかわる集団をも，人間形成を可能にする望ましい集団に育成しなければならない。

(2) 個人的な資質の育成

「個人的な資質」とは心身の調和がとれ，主体的な態度をもち，変化していく社会のなかで自ら学び自ら考える態度を意味する。たとえば，個々の生徒が社会人として，職業人としてあるいは家庭人として自己の個性を十分に発揮できるという資質もその一つである。この場合，一人ひとりに対して全人的な理解に基づく適切な指導によってこの資質の育成が企図されなければならない。

(3) 社会的な資質の育成

「社会的な資質」とは自分の所属するさまざまな集団に所属感や連帯感をもち，集団生活や社会生活の向上のために進んで力を尽くそうとする態度や能力のことである。これらの態度を育成するためには生徒がお互いの個性を認め合うなかで，与えられた役割を自覚し，他の生徒と協力し，より質の高い集団生活を経験することによってこれらの能力が育成されていく。また集団における問題解決場面においては自己の主張を押し通すのではなく自他の主張をそれぞれ生かすことのできる能力の育成も重要である。

(4) 自主的・実践的な態度の育成

生徒一人ひとりが実際に直面している諸問題への対応や解決の仕方を，集団場面を通じて，実践的，体験的に学ぶことが重要な特別活動の目標になる。これらの体験があってはじめて生徒は自ら考えること，自ら判断することが可能になる。ただ，これらの課題が困難と考えられる場合は，教師は意図的に生徒の抱える問題を明示し，自主的，実践的態度が育成されるようねばり強く計画的に指導，援助していく必要がある。いずれにせよ，この自主的・実践的な態

表2-6　中学校での各活動・学校行事の目標

| 学級活動 | 学級活動を通して，望ましい人間関係を形成し，集団の一員として学級や学校におけるよりよい生活づくりに参画し，諸問題を解決しようとする自主的，実践的な態度や健全な生活態度を育てる。 |
|---|---|
| 生徒会活動 | 生徒会活動を通して，望ましい人間関係を形成し，集団や社会の一員としてよりよい学校生活づくりに参画し，協力して諸問題を解決しようとする自主的，実践的な態度を育てる。 |
| 学校行事 | 学校行事を通して，望ましい人間関係を形成し，集団への所属感や連帯感を深め，公共の精神を養い，協力してよりよい学校生活を築こうとする自主的，実践的な態度を育てる。 |

度の育成が特別活動の中心的な目標となる。

(5) 人間としての生き方の自覚と自己を生かす能力の育成

中学生の時期は将来における生き方や進路を模索し始める年代である。また人間がいかに在るべきか，いかに生きるべきかについても考え始める。教師はこれらの問いに対して生徒が適切な解決策を見出せるように学級活動を展開し援助しなくてはならない。

自己を生かす能力とは自己の個性や能力，適性等を十分に理解するとともに，現在および将来にわたって他者と共生しながらより充実した生活を送ることができるための能力である。これらの能力の育成は社会的自立の基礎を築くものであり，小学校での学習の成果を受けて人間性や社会性の一層の育成を図ることが中学校時代の課題となる。

② 中学校の各活動・学校行事別目標

小学校と同様，今回の改訂では各活動・行事別に目標が提示された。各活動・行事の目標は，全体目標の重要事項が各活動に分散されるかたちになっている。したがって，各活動・行事の目標達成が自ずと特別活動の目標の達成になる。中学校学習指導要領で提示されている各活動・行事の目標は次のとおりである（表2-6）。

小学校と同様に，すべての活動・行事目標として「自主的，実践的な態度を育てること」および「望ましい人間関係の形成」が提示されており，各活動・

行事においてこれらの目標が達成できるように諸活動を行うことが求められている。

### (3) 高等学校における目標（平成21年度より）
学習指導要領で示されている高等学校の特別活動の目標は以下のとおりである。

> 望ましい集団活動を通して，心身の調和のとれた発達と個性の伸長を図り，集団や社会の一員としてよりよい生活や人間関係を築こうとする自主的，実践的な態度を育てるとともに，人間としての在り方生き方についての自覚を深め，自己を生かす能力を養う。

以上の内容について，高等学校学習指導要領特別活動編の解説に沿って全般的な目標の留意点と，各活動別の目標内容について説明する。

### ① 高等学校の全般的な目標
中学校と同様に，これらの目標を達成するためには５つの観点からのアプローチが必要とされる。「望ましい集団活動の展開と望ましい集団の育成」「個人的な資質の育成」「社会的な資質の育成」「自主的，実践的な態度の育成」「人間としての在り方生き方の自覚と自己を生かす能力の育成」である。以下その要点を解説する。

(1) 望ましい集団活動の展開と望ましい集団の育成
小，中学校同様，望ましい集団活動を維持，形成するなかで人間形成を推し進めていくことが特別活動の特質であり，方法原理でもある。望ましい集団活動とは集団の各成員がお互いに人格を尊重し，個人を集団に埋没させることなく，それぞれの個性を認め合い民主的な手続きを通してお互いに協力し合って望ましい人間関係が維持できる集団のことである。これらの集団を教師の適切な関わりによって展開していくことが教師の役割となる。

(2) 個人的な資質の育成

変化する社会で生き抜くためには，自らの在り方生き方を模索し始める高等学校の時期に，一人ひとりが自ら学び自ら考える態度を育て，たくましく生き抜く力が求められる。そのためには，まず心身の調和のとれた発達が課題となり，このことが個人的な資質の育成の中心的な目標になる。また，将来の良き社会人，職業人，家庭人として社会に貢献できる個の育成も個人的な資質の育成につながる。

(3) 社会的な資質の育成

　ここでの「社会的な資質」とは自己の所属するさまざまな集団に所属感や連帯感をもち，集団生活や社会生活の向上のために進んで力を尽くそうとする態度を意味する。これらの態度を育成するためには，自他のそれぞれが個性を発揮し，その個性を相互に認め合い協力してともに生きることが実践できるような質の高い集団生活を経験することで可能になる。

(4) 自主的・実践的な態度の育成

　自主的・実践的な態度とは生徒自ら深く考えたり，感情や衝動を自ら制御したり，自ら決定した行動を状況に応じて着実に遂行できる態度である。これらの態度が育成されるためには，まさしく上述してきた望ましい集団が担保されている必要がある。また，これらの自主的・実践的態度の伸長と心身の調和のとれた発達や個性の伸長は表裏一体のものである。ただ，生徒間の自主的・実践的な態度を促進する相互作用が低調な場合などは，教師が意図的に生徒の抱える問題を明示したりすることも必要である。いずれにせよこの自主実践の態度育成が中学校同様，高等学校の特別活動の中心的な目標となる。

(5) 人間としての生き方の自覚と自己を生かす能力の育成

　高校生の時期は中学校の時期よりさらに独立や自律の要求，そして自分の将来における生き方や進路の模索が始まる。また人間がいかに在るべきか，いかに生きるべきかについても中学校時代に引き続いて思索する。教師はこれらの問いに対して生徒が適切な解決策を見出せるようホームルーム活動を活用して援助しなくてはならない。

　自己を生かす能力とは自己の個性や能力，適性等を十分に理解するとともに，

表2-7　高等学校，各活動・学校行事の目標

| ホームルーム活動 | ホームルーム活動を通して，望ましい人間関係を形成し，集団の一員としてホームルームや学校におけるよりよい生活づくりに参画し，諸問題を解決しようとする自主的，実践的な態度や健全な生活態度を育てる。 |
|---|---|
| 生徒会活動 | 生徒会活動を通して，望ましい人間関係を形成し，集団や社会の一員としてよりよい学校生活づくりに参画し，協力して諸問題を解決しようとする自主的，実践的な態度を育てる。 |
| 学校行事 | 学校行事を通して，望ましい人間関係を形成し，集団への所属感や連帯感を深め，公共の精神を養い，協力してよりよい学校生活や社会生活を築こうとする自主的，実践的な態度を育てる。 |

現在および将来にわたって他者と共生しながらより充実した生活を送ることができる，自己実現を図るための能力である。小学校，中学校での学習の成果を受けて人間性や社会性の一層の育成を図ることが高校時代の課題となる。

② 高等学校の各活動・学校行事別目標

　小，中学校と同様，今回の改訂では各活動・行事別に目標が提示された。各活動・行事の目標は，全体目標の重要事項が各活動に分散されるかたちになっている。したがって，各活動・行事の目標達成が自ずと特別活動の全体的な目標の達成になる。高等学校学習指導要領で提示されている各活動・行事の目標は表2-7のとおりである。

　すべての活動・行事目標として「自主的，実践的な態度を育てること」および「望ましい人間関係の形成」が提示されており，各活動・行事においてこれらの目標が達成できるように諸活動を行うことが求められる。


**参考文献**
大浦猛（1968）『特別教育課程の基礎理論』明治図書出版。
武村重和編（1989）『小学校学習指導要領はどう変わったか──新旧比較』国土社。
長沼豊・柴崎直人・林幸克編（2009）『改訂　特別活動概論』久美出版。
文部科学省（2008）『小学校学習指導要領　特別活動編』（平成20年8月）東洋館出版社。

文部科学省（2009）『中学校学習指導要領　特別活動編』（平成20年9月）ぎょうせい。
文部科学省（2010）『高等学校学習指導要領　特別活動編』（平成21年12月）海文堂出版。
山口満・安井一郎編（2010）『改訂　新版特別活動と人間形成』学文社。

（佐野　茂）

第3章

# 各活動・学校行事の目標と内容

　学校は小さな社会である。児童生徒はこの学校で過ごすことによって，集団のなかでの自分を見つめながら活動し，他者との関係，自主自立の精神などを身につけていくのである。しかし，昨今，級友などとコミュニケーションが取れない，取りづらい児童生徒が目立ち，不登校や引きこもりという現象がおきている。その彼らは，大人になっても社会に溶け込みにくい状態であるものが少なくない。それらは少子化や社会構造の変化によるところもあるが，子どものときから集団のなかで育ち，活動することが十分ではないためであると考えられる。

　この章では学校での各活動や学校行事を通して，集団のなかで他者との関係，自主自立の精神を身につけていくことなど目指すものはなにか，どのような意味があるのか考えていく。児童生徒の学年や校種が上がるにつれて幅広く，深い内容の望ましい集団活動を送り，将来社会の一員としてよりよい生活を築けるよう自主的，実践的態度を養うための内容について「小学校学習指導要領解説　特別活動編」「中学校学習指導要領解説　特別活動編」「高等学校学習指導要領解説　特別活動編」に沿って考える。

## 1　小学校における各活動（学級，児童会，クラブ，学校行事）の目標と内容

　本書をお読みのみなさんは小学生のとき，特別活動の各活動，たとえば学級活動や児童会などの活動を，どのように思っていただろうか。2004，2005年度文部科学省の義務教育に関する意識調査（図3-1）の各活動では「まったく好

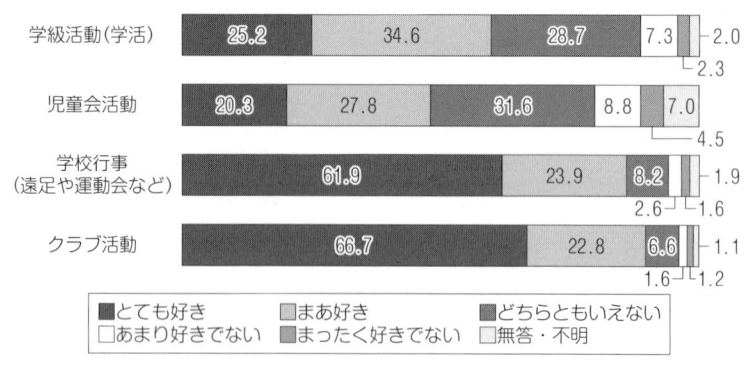

| 学級活動(学活) | 25.2 | 34.6 | 28.7 | 7.3 | 2.3 | 2.0 |
| 児童会活動 | 20.3 | 27.8 | 31.6 | 8.8 | 4.5 | 7.0 |
| 学校行事(遠足や運動会など) | 61.9 | | 23.9 | 8.2 | 2.6 | 1.9 / 1.6 |
| クラブ活動 | 66.7 | | 22.8 | 6.6 | 1.6 | 1.1 / 1.2 |

■とても好き　■まあ好き　■どちらともいえない
□あまり好きでない　■まったく好きでない　□無答・不明

図3-1　活動の時間の好き嫌い

（出所）　2004, 2005年度文部科学省の「義務教育に関する意識調査」報告書, ベネッセ教育総合研究所, 2005年, 一部改変。

きでない」との回答が1.2～4.5％ある。この1.2～4.5％の児童を含めた全児童を意欲的に活動させ, 各活動の目標に近づける努力をする必要がある。

## (1) 学級活動

### ① 学級活動の目標

小学校学習指導要領では, 学級活動の目標が次のように示されている。

> 学級活動を通して, 望ましい人間関係を形成し, 集団の一員として学級や学校におけるよりよい生活づくりに参画し, 諸問題を解決しようとする自主的, 実践的な態度や健全な生活態度を育てる。

学級活動は, クラス全員がともに学校生活や学習に取り組む活動である。それぞれが好き勝手に生活している活動ではいけない。ここにおいては「共に」が重要である。共に協力し, 共に助け合い, ときには励まし合う活動が必要である。これが学級活動で育てたい「望ましい人間関係」につながる。楽しく豊かな学級生活づくりのために互いに尊重し, それぞれのよさを認め合えるような人間関係や, 児童同士をはじめ教師との関係も大切にし, それぞれが自分の居場所として生活できる人間関係を形成することが求められる。

第3章　各活動・学校行事の目標と内容

また，学級の一員として学級集団のなかでの問題解決のために，みんなで話し合い，協力して自分の役割や責任を果たす自主的，実践的な態度や集団のなかで日常生活や学習のために自己を生かそうとする心身の健康を増進することができる態度が求められる。一人でも集団に入れていなければ，その状態ではよい活動ではない。一人ひとりが自分は学級の一員であるとの自覚をもつことが大切であり，その上で学級全員がこの目標に向かって生活するように指導することが重要である。

② 学級活動の内容

学級活動の内容については，学習指導要領2008年度改訂において，以下のように示されている。太字部分は新たに加えられた語句並びに事項である。従来の内容は6学年をまとめて示していたが，実施上，指導内容が重なることが少なくなかった。今回は低・中・高学年にそれぞれの内容が示されており，これは教師にとって，指導が行いやすい示し方である。

〔第1学年及び第2学年〕
　学級を単位として，仲良く助け合い学級生活を楽しくするとともに，日常の生活や学習に進んで取り組もうとする態度の育成に資する活動を行うこと。
〔第3学年及び第4学年〕
　学級を単位として，協力し合って楽しい学級生活をつくるとともに，日常の生活や学習に意欲的に取り組もうとする態度の育成に資する活動を行うこと。
〔第5学年及び第6学年〕
　学級を単位として，信頼し支え合って楽しく豊かな学級や学校の生活をつくるとともに，日常の生活や学習に自主的に取り組もうとする態度の向上に資する活動を行うこと。
〔共通事項〕
(1)　学級や学校の生活づくり
　　ア　学級や学校における生活上の諸問題の解決
　　イ　学級内の組織づくりや仕事の分担処理
　　**ウ　学校における多様な集団の生活の向上**

> (2) 日常の生活や学習への適応及び健康安全
>   ア 希望や目標をもって生きる態度の形成
>   イ 基本的な生活習慣の形成
>   ウ 望ましい人間関係の形成
>   **エ 清掃などの当番活動等の役割と働くことの意義の理解**
>   オ 学校図書館の利用
>   カ 心身ともに健康で安全な生活態度の形成
>   **キ 食育の観点を踏まえた学校給食と望ましい食習慣の形成**

　学級活動の指導に当たっては，接続の課題である小1プロブレムや中1ギャップについて，就学前から小学校，小学校から中学校へとスムーズな接続ができるよう適切な内容を取り上げて計画的に指導する必要がある。

　学級は学校生活で一番長い時間，活動する場である。この学級での活動を適切に指導し，児童が満足して過ごせることが，以下に述べる児童会活動，クラブ活動，学校行事をもスムーズに指導・運営できることにもつながる。

## （2）児童会活動
### ① 児童会活動の目標

　小学校学習指導要領では，児童会活動の目標は，次のように示されている。

> 　児童会活動を通して，望ましい人間関係を形成し，集団の一員としてよりよい学校生活づくりに参画し，協力して諸問題を解決しようとする自主的，実践的な態度を育てる。

　児童会活動は，全校児童（異年齢集団）で学校生活を共に楽しく豊かにするために実施されるものである。図3-1の特別活動の4分野で「とても好き」と「まあ好き」を合わせて48.1％と一番低い。活動に当たっては，児童の参加意欲を高める工夫を行い，望ましい異年齢集団の活動として楽しく豊かな学校づくりを展開していく必要がある。また，中学校における生徒会活動の基礎を築くものである。

② 児童会活動の内容

活動の内容としては，以下の3つが挙げられる。

(1)「児童会の計画や運営」
・児童会の目標の実現に向けて，教師の指導・助言の下に高学年がリーダーシップを発揮した計画並びに運営。

(2)「異年齢集団による交流」
・全校児童集会などで学年や学級とは違って普段ふれあいの少ない児童同士がふれあいそのなかで自発的，自治的な活動ができるような計画並びに運営。

(3)「学校行事への協力」
・学校行事のなかで，児童会の組織が担当できるものに積極的に協力，参加することで児童相互の交流や連帯感を育む。

小学生の発達段階としては，児童会活動の計画・運営をすることはなかなか難しいものであり，教師のより細やかな指導が必要となる。しかし，決して押し付けになってはならない。児童の意見を尊重しつつ，上記の3つの内容をふまえる必要がある。

(3) クラブ活動
① クラブ活動の目標

小学校学習指導要領では，クラブ活動の目標は，次のように示されている。

> クラブ活動を通して，望ましい人間関係を形成し，個性の伸長を図り，集団の一員として協力してよりよいクラブづくりに参画しようとする自主的，実践的な態度を育てる。

小学校のクラブ活動は，主に第4・5・6学年（学校規模によっては実施学年が異なることがある）の同好の児童で行われる活動で，中学校の部活動につながるものであり，将来の趣味や職業へと発展することも少なくない。

クラブ活動は，異年齢の集団であることを理解し，児童それぞれが協力し，

信頼し支え合おうとする人間関係を築くとともに，発達段階や経験の差を乗り越えて，自他のよさや可能性を認め合い，よりよく伸ばすことが大切である。

　学校規模により必ずしも児童の望むクラブを設定できないこともあるが，学校が実施するクラブのなかで好きなクラブを選び参加し，クラブ活動の内容にある同好の児童をもって組織するクラブにおいて，異年齢集団の交流を深め，共通の興味・関心を追求する活動を行うものである。

② クラブ活動の内容

　小学校学習指導要領では，クラブ活動の内容について，次のように示されている。

> 　学年や学級の所属を離れ，主として第4学年以上の同好の児童をもって組織するクラブにおいて，異年齢集団の交流を深め，共通の興味・関心を追求する活動を行うこと
> 　(1)　クラブの計画や運営
> 　(2)　クラブを楽しむ活動
> 　(3)　クラブの成果の発表

　(1)は，自発的，自治的な活動として展開するには，児童が活動計画を立て，役割を分担し，協力して運営に当たることが大切である。

　(2)は，異なる学年の児童が仲良く協力し，創意工夫を生かし自発的，自治的に共通の興味・関心を追求することを楽しむ活動である。

　(3)は，児童が，共通の興味・関心を追求してきた成果を，協力して全校の児童や保護者，地域の人々に発表する活動である。

(4) 学 校 行 事

① 学校行事の目標

　小学校学習指導要領では，学校行事の目標は，次のように示されている。

> 　学校行事を通して，望ましい人間関係を形成し，集団への所属感や連帯感を深め，公共の精神を養い，協力してよりよい学校生活を築こうとする自主的，実践的な態度を育てる。

　学校行事は，全校や学年で同一の目標に向かって，行われる活動である。学校行事は日常の教科の授業では経験できない学びであり，積極的に参加をし，役割や責任を果たし目標を成し遂げ，ともに喜びや苦労を共有する活動である。

　『小学校学習指導要領解説　特別活動編』では，以下のようなことが効果的に育てられるように適切な指導をする必要がある，と示されている。

> ○学校生活を豊かで実りあるものにするという共通の目標に向かって，自らを律し，協力し，信頼し，励まし合い，切磋琢磨し，喜びや苦労を分かち合うような人間関係を築こうとする態度
> ○学校への愛着，学校の一員としての自覚や仲間意識などの集団への所属感や連帯感
> ○郷土の伝統や文化，地域社会の生活や人々と積極的にかかわり，自分の役割を自覚し，自らを律するとともに，自己を生かし，協力しながら進んで役に立とうとするなどの公共の精神
> ○学校生活の充実と向上のため，互いの力を合わせ互いに役割や責任を果たし合おうとすることについて，児童自身が意識して努力するなど，自らが主体的に取り組むなどの自主的，実践的な態度

② 学校行事の内容

　小学校学習指導要領では，学校行事の内容は，次のように示されている。

> 　全校又は学年を単位として，学校生活に秩序と変化を与え，学校生活の充実と発展に資する体験的な活動を行うこと。

　学校行事の内容は，他の教育活動では得ることのできない季節に関するものや，歴史的・伝統的な行事に取り組みながら，全校や学年の集団が望ましい状

態を保つための順序や決まりを身につけることである。また，学校生活に節目をつけ，満足感，充実感，行事の完遂の喜びを味わうとともに学校生活が豊かになるものである。

　学習指導要領には，このような学校行事の内容に即して，全学年で取り組む次の5つの種類を示している。
・儀式的行事（入学式，卒業式など）
・文化的行事（音楽会，作品展など）
・健康安全・体育的行事（健康診断，運動会など）
・旅行・集団宿泊的行事（遠足，宿泊訓練，修学旅行など）
・勤労生産・奉仕的行事（地域清掃活動など）

さらに，各行事の内容のねらいは，学習指導要領では，次のように示されている。

---

(1) 儀式的行事
　学校生活に有意義な変化や折り目を付け，厳粛で清新な気分を味わい，新しい生活の展開への動機付けとなるような活動を行うこと。

(2) 文化的行事
　平素の学習活動の成果を発表し，その向上の意欲を一層高めたり，文化や芸術に親しんだりするような活動を行うこと。

(3) 健康安全・体育的行事
　心身の健全な発達や健康の保持増進などについての関心を高め，安全な行動や規律ある集団行動の体得，運動に親しむ態度の育成，責任感や連帯感の涵養，体力の向上などに資するような活動を行うこと。

(4) 遠足・集団宿泊的行事
　自然の中での集団宿泊活動などの平素と異なる生活環境にあって，見聞を広め，自然や文化などに親しむとともに，人間関係などの集団生活の在り方や公衆道徳などについての望ましい体験を積むことができるような活動を行うこと。

(5) 勤労生産・奉仕的行事
　勤労の尊さや生産の喜びを体得するとともに，ボランティア活動などの社会奉仕の精神を養う体験が得られるような活動を行うこと。

## 2 中学校における各活動（学級，生徒会，学校行事）の目標と内容

活動の好き嫌いについて図3-2のような調査結果がある。このなかで学校行事（遠足や運動会など）については「とても好き」「まあ好き」を合わせて74.3％である。これに対して，生徒会活動については「とても好き」「まあ好き」を合わせても20.7％であり，もっとも数値が低い。学校行事のように自分たちが楽しめることに意欲的であるように，他の活動についても意欲的に取り組めるような工夫が必要である。それぞれの目標並びに活動の内容を十分に理解した上で，意欲的，積極的に取り組ませる指導を工夫することが望まれる。

### (1) 学 級 活 動
#### ① 学級活動の目標

中学校学習指導要領では，学級活動の目標は，次のように示されている。

> 学級活動を通して，望ましい人間関係を形成し，集団の一員として学級や学校におけるよりよい生活づくりに参画し，諸問題を解決しようとする自主的，実践的な態度や健全な生活態度を育てる。

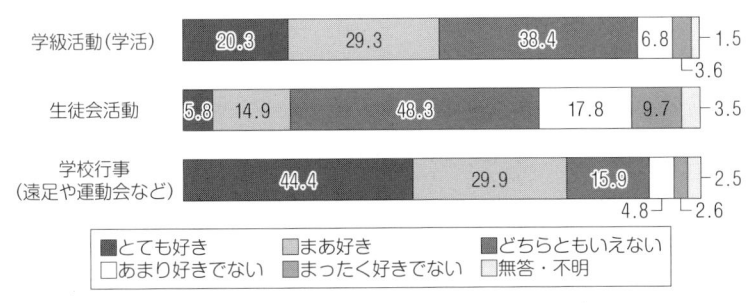

| 項目 | とても好き | まあ好き | どちらともいえない | あまり好きでない | まったく好きでない | 無答・不明 |
|---|---|---|---|---|---|---|
| 学級活動（学活） | 20.3 | 29.3 | 38.4 | 6.8 | 1.5 | 3.6 |
| 生徒会活動 | 5.8 | 14.9 | 48.3 | 17.8 | 9.7 | 3.5 |
| 学校行事（遠足や運動会など） | 44.4 | 29.9 | 15.9 | 4.8 | 2.5 | 2.6 |

図3-2　教科や活動の時間の好き嫌い（中学校）

（出所）　2004，2005年度文部科学省の「義務教育に関する意識調査」報告書，ベネッセ教育総合研究所，2005年，一部改変。

学級活動の目標は小・中・高と共通しているが，校種が上になるに従って目標の内容が幅広く深くなる。生徒一人ひとりが自他の個性を尊重し，集団の一員として役割と責任を果たし互いを認め合える人間関係をつくるとともに，生活のなかでの問題や課題について積極的に取り組み，学習や進路，生き方など現在及び将来を豊かに生きていく自主的，実践的な態度をめざしている。

② 学級活動の内容
　中学校学習指導要領では，学級活動の内容について次のように示されている。

> 　学級を単位として，学級や学校の生活の充実と向上，生徒が当面する諸課題への対応に資する活動を行うこと。
> (1) 学級や学校の生活づくり
> 　ア 学級や学校における生活上の諸問題の解決
> 　イ 学級内の組織づくりや仕事の分担処理
> 　ウ 学校における多様な集団の生活の向上
> (2) 適応と成長及び健康安全
> 　ア 思春期の不安や悩みとその解決
> 　イ 自己及び他者の個性の理解と尊重
> 　ウ 社会の一員としての自覚と責任
> 　エ 男女相互の理解と協力
> 　オ 望ましい人間関係の確立
> 　カ ボランティア活動の意義の理解と参加
> 　キ 心身ともに健康で安全な生活態度や習慣の形成
> 　ク 性的な発達への適応
> 　ケ 食育の観点を踏まえた学校給食と望ましい食習慣の形成
> (3) 学業と進路
> 　ア 学ぶことと働くことの意義の理解
> 　イ 自主的な学習態度の形成と学校図書館の利用
> 　ウ 進路適性の吟味と進路情報の活用
> 　エ 望ましい勤労観・職業観の形成
> 　オ 主体的な進路の選択と将来設計

(1)の学級や学校の生活づくりは，学級活動の基礎となるものである。特に新1年生は小学校とのギャップを乗り越えられるよう配慮する必要がる。(2)のア，クは生徒が思春期にあたることや身体的に発達する時期に対応する項目になっており，思春期の不安や悩みの解決をめざすために，学級において共に考えさせる雰囲気づくりが重要である。(3)においては，学ぶことと働くことの意義の理解や勤労観・職業観の形成，進路などを含め，将来の生き方について考える活動を進めることが必要である。

## （2）生徒会活動
### ① 生徒会活動の目標
中学校学習指導要領では，生徒会活動の目標は，次のように示されている。

> 生徒会活動を通して，望ましい人間関係を形成し，集団や社会の一員としてよりよい学校生活づくりに参画し，協力して諸問題を解決しようとする自主的，実践的な態度を育てる。

生徒会活動は，全校の生徒で組織し，学校生活の充実，発展，改善，向上を目指すために，生徒の立場から自発的，自治的に行われる活動である。

この活動に対しては，生徒会役員は意欲的，積極的に取り組むが，図3-2にあるように生徒会活動は生徒の関心がきわめて低く，小学校の児童会活動48.1％と同様に特別活動の3分野で「とても好き」と「まあ好き」を合わせても20.7％とさらに低い。一人ひとりの生徒が生徒会組織の一員としての自覚をもち，共に協力し，信頼し支え合おうとする望ましい人間関係，また，学校生活全体の充実・向上について，積極的にかかわっていく自主的，実践的な態度を育てる必要がある。

### ② 生徒会活動の内容
中学校学習指導要領では，生徒会活動の内容について，次のように示されている。

> 　学校の全生徒をもって組織する生徒会において，学校生活の充実と向上を図る活動を行うこと。
> (1) 生徒会の計画や運営
> (2) 異年齢集団による交流
> (3) 生徒の諸活動についての連絡調整
> (4) 学校行事への協力
> (5) ボランティア活動などの社会参加

　内容は上記の(1)～(5)などの学内外活動も含め，生徒の学校生活全体の充実・向上にかかわる多様な活動が挙げられている。

　これらは，学級活動や学校行事などの活動内容とも深く関連しており，その点をふまえ，特別活動の内容相互の関連を図って，充実した生徒会活動を進めていくことが必要である。

　生徒の学校生活全体の充実・向上は，生徒会活動だけではなしえないものである。教師の指導はもちろんのこと，生徒と教師の協力が不可欠である。発達段階が上がるにつれて生徒の自主性，自発性を重んじながら指導をする必要がある。

## (3) 学校行事

### ① 学校行事の目標

　学校行事の目標については，学習指導要領第5章の第2の〔学校行事〕の1「目標」で，次のように示されている。

> 　学校行事を通して，望ましい人間関係を形成し，集団への所属感や連帯感を深め，公共の精神を養い，協力してよりよい学校生活を築こうとする自主的，実践的な態度を育てる。

　学校行事の目標は，充実した学校生活の実現のために，学級や学年を超えて生徒同士が喜びや苦労を分かち合いながら目標達成のために，協力し，集団の一員としての役割や責任を果たし，よりよい学校生活を築き，発展させようと

する自主的,実践的な態度を求めている。

　このような過程で,自分に自信をもって学校生活が送れるようにし,規律,協同,責任,思いやりなどの社会性や集団行動における態度を育てるとともに,学校の文化や伝統及びよりよい校風をつくり,愛校心を高めることにも努める必要がある。

② 学校行事の内容

　中学校学習指導要領では,学校行事について,次のように,その特質と5種類の行事が示されている。

---

　全校又は学年を単位として,学校生活に秩序と変化を与え,学校生活の充実と発展に資する体験的な活動を行うこと。
(1) 儀式的行事
　学校生活に有意義な変化や折り目を付け,厳粛で清新な気分を味わい,新しい生活の展開への動機付けとなるような活動を行うこと。
(2) 文化的行事
　平素の学習活動の成果を発表し,その向上の意欲を一層高めたり,文化や芸術に親しんだりするような活動を行うこと。
(3) 健康安全・体育的行事
　心身の健全な発達や健康の保持増進などについての理解を深め,安全な行動や規律ある集団行動の体得,運動に親しむ態度の育成,責任感や連帯感の涵養,体力の向上などに資するような活動を行うこと。
(4) 旅行・集団宿泊的行事
　平素と異なる生活環境にあって,見聞を広め,自然や文化などに親しむとともに,集団生活の在り方や公衆道徳などについての望ましい体験を積むことができるような活動を行うこと。
(5) 勤労生産・奉仕的行事
　勤労の尊さや創造することの喜びを体得し,職場体験などの職業や進路にかかわる啓発的な体験が得られるようにするとともに,共に助け合って生きることの喜びを体得し,ボランティア活動などの社会奉仕の精神を養う体験が得られるような活動を行うこと。

各行事のねらいと内容は，中学校学習指導要領第5章の第2で示されているが，中学校の(3)健康安全・体育的行事では小学校の心身の健全な発達や健康の保持増進などについての関心を高め，に対し，理解を深めになっている。これは，食事，運動，睡眠の調和のとれた生活を進めるとともに，薬物乱用防止に関する理解の指導も含むものである。(4)では，小学校が遠足・集団宿泊的行事に対し，発達段階に応じ，旅行・集団宿泊的行事としている。(5)の勤労生産・奉仕的行事では，勤労の尊さや創造することの喜びを体得し，職場体験などの職業や進路にかかわる啓発的な体験が得られるようにするとともに，共に助け合って生きることの喜びを体得し，ボランティア活動などの社会奉仕の精神を養う体験が得られるような活動を行うこととし，職業体験や進路にかかわる文言になっている。

　学校生活はともすると単調になりがちであるが，学校行事を計画的に実施することで，学校生活にリズムを与え，折り目をつけ，より生き生きとした生活を実現できるものである。さらにそれにより，集団への所属感や連帯感を深め，公共の精神を養い，学校生活の充実と発展に資することを期待しているのである。

## 3　高等学校における各活動（ホームルーム，生徒会，学校行事）の目標と内容

### （1）ホームルーム活動
① ホームルーム活動の目標

　ホームルーム活動の目標は，高等学校学習指導要領で，次のように示されている。

> 　ホームルーム活動を通して，望ましい人間関係を形成し，集団の一員としてホームルームや学校におけるよりよい生活づくりに参画し，諸問題を解決しようとする自主的，実践的な態度や健全な生活態度を育てる。

ホームルームは，生徒が心理的に最も安定，安心して過ごすことができる「心の居場所」である。ホームルームでは生徒が互いの個性を尊重し，それぞれのよさを認め，それらを発揮できるような人間関係をつくる必要がある。そして，学校生活のなかで起きる課題に積極的に取り組み解決する態度や日常生活での生き方，学習や進路について共に考え，話し合い協力する。また，人としての生き方，有り方について自覚を深め，将来に向かって，生活するための方法を身につけるとともに社会の一員としての自覚をもち，将来を主体的に生きていく態度を育てるものである。

② ホームルーム活動の内容
　ホームルーム活動の内容については，高等学校学習指導要領では，次のように示されている。

> 　学校における生徒の基礎的な生活集団として編成したホームルームを単位として，ホームルームや学校の生活の充実と向上，生徒が当面する諸課題への対応に資する活動を行うこと。
> (1) ホームルームや学校の生活づくり
> 　ア　ホームルームや学校における生活上の諸問題の解決
> 　イ　ホームルーム内の組織づくりと自主的な活動
> 　ウ　学校における多様な集団の生活の向上
> (2) 適応と成長及び健康安全
> 　ア　青年期の悩みや課題とその解決
> 　イ　自己及び他者の個性の理解と尊重
> 　ウ　社会生活における役割の自覚と自己責任
> 　エ　男女相互の理解と協力
> 　オ　コミュニケーション能力の育成と人間関係の確立
> 　カ　ボランティア活動の意義の理解と参画
> 　キ　国際理解と国際交流
> 　ク　心身の健康と健全な生活態度や規律ある習慣の確立
> 　ケ　生命の尊重と安全な生活態度や規律ある習慣の確立
> (3) 学業と進路

ア　学ぶことと働くことの意義の理解
　　イ　主体的な学習態度の確立と学校図書館の利用
　　ウ　教科・科目の適切な選択
　　エ　進路適性の理解と進路情報の活用
　　オ　望ましい勤労観・職業観の確立
　　カ　主体的な進路の選択決定と将来設計

　これらのホームルーム活動の内容は，入学から卒業までを扱うもので，(1)のホームルームや学校の一員として，集団生活および学校生活全般の充実・向上を図る活動内容と，(2)および(3)のホームルームの生徒が共通して当面する問題を，ホームルーム活動を通して解決する活動内容とに分けて考えられるが，これらは相互に，直接，間接に関連しており，学校生活全般並びに将来の社会生活を見通し計画を立てる必要がある。(2)のキ，ク，ケや(3)のア，エ，オ，カについては将来の社会生活を目指しての項目である。

（2）生徒会活動
① 生徒会活動の目標
　生徒会活動の目標は，高等学校学習指導要領では，次のように示されている。

　　生徒会活動を通して，望ましい人間関係を形成し，集団や社会の一員としてよりよい学校生活づくりに参画し，協力して諸問題を解決しようとする自主的，実践的な態度を育てる。

　目標は中学校と同じで，生徒会活動は，学校での自分たちの生活の充実・発展・改善・向上を目指し，生徒の立場から自発的，自治的に行われる活動であるが，小学校での児童会活動や中学校での生徒会活動をもとにして活動する態度や能力を高めていくようにすることが必要である。その際，教師は，生徒の自主性，自発性をできるかぎり尊重し，生徒が自ら活動の計画を立て，それぞれの役割を分担し，協力し合って望ましい集団活動を進められるように指導，支援をすることが大切である。

第3章 各活動・学校行事の目標と内容

② 生徒会活動の内容

　生徒会活動の内容については，高等学校学習指導要領では，次のように示されている。

> 　学校の全生徒をもって組織する生徒会において，学校生活の充実と向上を図る活動を行うこと。
> 　(1) 生徒会の計画や運営
> 　(2) 異年齢集団による交流
> 　(3) 生徒の諸活動についての連絡調整
> 　(4) 学校行事への協力
> 　(5) ボランティア活動などの社会参画

　内容は中学校とほぼ同じであるが，中学校の(5)では，「ボランティア活動などの社会参加」としていたものが高等学校では「ボランティア活動などの社会参画」となり，ボランティア活動などでは，企画の段階から参加する内容となっている。これは，将来の社会の一員として生活できるようにすることを目指している。

(3) 学 校 行 事
① 学校行事の目標

　学校行事の目標について高等学校学習指導要領では，次のように示されている。

> 　学校行事を通して，望ましい人間関係を形成し，集団への所属感や連帯感を深め，公共の精神を養い，協力してよりよい学校生活や社会生活を築こうとする自主的，実践的な態度を育てる。

　学校行事の目標において，小学校・中学校と異なる点は，高等学校では，学校生活だけではなく「協力してよりよい学校生活や社会生活を築こうとする自主的，実践的な態度を育てる。」と明記している点である。これは，卒業後は専門学校や大学進学ではなく，社会人として歩み始めるものもいるからである。

そこで社会で共に生きることや,働くことの意義と尊さを実感し,自らが目標をもち,学校生活だけでなく社会の一員としての役割や責任を果し,学校や地域社会などの実生活のさまざまな場面において自己を生かし,協力してよりよく発展させようとする自主的,実践的な態度を育てるためである。

② 学校行事の内容

学校行事については,高等学校学習指導要領で,次のように,その特質と5種類の行事が示されている。

> 全校若しくは学年又はそれらに準ずる集団を単位として,学校生活に秩序と変化を与え,学校生活の充実と発展に資する体験的な活動を行うこと。
> (1) 儀式的行事
> 学校生活に有意義な変化や折り目を付け,厳粛で清新な気分を味わい,新しい生活の展開への動機付けとなるような活動を行うこと。
> (2) 文化的行事
> 平素の学習活動の成果を総合的に生かし,その向上の意欲を一層高めたり,文化や芸術に親しんだりするような活動を行うこと。
> (3) 健康安全・体育的行事
> 心身の健全な発達や健康の保持増進などについての理解を深め,安全な行動や規律ある集団行動の体得,運動に親しむ態度の育成,責任感や連帯感の涵養,体力の向上などに資するような活動を行うこと。
> (4) 旅行・集団宿泊的行事
> 平素と異なる生活環境にあって,見聞を広め,自然や文化などに親しむとともに,集団生活の在り方や公衆道徳などについての望ましい体験を積むことができるような活動を行うこと。
> (5) 勤労生産・奉仕的行事
> 勤労の尊さや創造することの喜びを体得し,就業体験などの職業観の形成や進路の選択決定などに資する体験が得られるようにするとともに,共に助け合って生きることの喜びを体得し,ボランティア活動などの社会奉仕の精神を養う体験が得られるような活動を行うこと。

それぞれの行事のねらいを,生徒に理解させるとともに,役割を分担させ,

使命感や責任感を自覚させ，社会の一員として社会に対する貢献，国際理解など人間の生き方を学ぶきっかけとすることも必要である。行事によっては生徒に自発的な創意工夫をさせるなど，生徒自らが活動計画を立てることも大切である。学校行事は，学級の枠にとらわれず，全校，学年等，比較的大きな集団のなかで，生徒の積極的な参加による体験的な活動（社会奉仕体験，就業体験等も含む）を行うことによって，学校生活に秩序と変化を与え，全校および学年集団への所属感や連帯感を深め，日常の学習の総合的な発展を図るとともに，学校生活の充実と発展に資する体験や将来のために職業観の形成や進路の選択決定などに資する体験並びに，人間観を身につけるための活動を行うものである。

　学校生活は，ともすると単調になりがちである。そこで学校行事を計画的に実施することで学校生活にリズムや季節感を与え，変化や折り目を付け，生き生きとした生活を送れるようにして，学校生活の充実を図るものである。

(2)文化的行事では，日ごろの学習や活動の成果を総合的に発展させ，発表し合い，互いに鑑賞する文化祭，合唱祭，弁論大会や各種の発表会（展覧会）などと，外部の文化的な作品や催しを鑑賞するなどの音楽，映画や演劇，伝統芸能等の鑑賞会や講演会などが考えられる。(5)勤労生産・奉仕的行事では，中学校の職場体験から就業体験に，さらに職業や進路にかかわる啓発的な体験から，職業観の形成や進路の選択決定などに資する体験にと発達段階はもとより将来を見据えた内容になっている。

　学校行事の成果の根底には，日常の各教科等の学習の充実がある。学校行事は学校生活を豊かな実りあるものにするとともに，将来の社会生活にも役立つものでもある。

**参考文献**
広岡義之編著（2009）『新しい特別活動論』創言社。
文部科学省（2008）「小学校学習指導要領」。
文部科学省（2008）『小学校学習指導要領解説　特別活動編』（平成20年8月）東洋館出版社。

文部科学省（2008）「中学校学習指導要領」。
文部科学省（2008）『中学校学習指導要領解説　特別活動編』（平成20年9月）ぎょうせい。
文部科学省（2008）「高等学校学習指導要領」。
文部科学省（2010）『高等学校学習指導要領解説　特別活動編』（平成21年12月）海文堂出版。

（砂子滋美）

第4章

# 小・中・高等学校における特別活動の改訂の要点

　1998（平成10）年の学習指導要領改訂では，特別活動については「児童の自発的な活動を一層活発にし，児童がよりよい学級や学校生活を目指して諸問題の解決に取り組む活動を重視する方向」で改善が図られていた。しかしそれから10年間の各学校の取り組みは十分な状況ではなく，そこで2008（平成20）年の改訂では特に「人間関係を築く力」や「自治的能力の育成」を目指し，特別活動の「目標」や「内容」等の記述の大幅な改善を図って一層実践的な力を育成することが求められるようになった。また平成10年改訂では，ボランティア活動等の社会体験や自然体験，幼児や高齢者との触れ合いの体験重視だったが，平成20年改訂では，「自然の中での集団宿泊活動の充実」が特に重視されているのも特徴の一つだろう。本章では，このように2008年で大幅に改訂された箇所を中心に要約して論ずることにしたい。

## 1　「特別活動」の主な改善点

### （1）2008（平成20）年改訂版「特別活動」の改善点および今後の方向性

　2008年の新学習指導要領においては「生きる力」の育成を中核としつつ，公共の精神，伝統と文化，道徳教育，体験活動などの項目が重視されている。それとの関連で「特別活動」においては，とくに公共の精神の涵養，社会性の育成，自治的能力の育成に重きが置かれると同時に，道徳的実践の指導の充実を図る観点から特別活動の目標や内容が改善された。その結果，よりよい人間関係を築く力の育成，また集団や社会の一員としてよりよい生活づくりに参画す

る態度の育成がさらに求められることになった。

　また，特別活動全体の今後の課題としては，次のような指摘がなされている。情報化，都市化，少子高齢化などの社会状況の急激な変化を見据えて，子どもたちは実際の現実的な生活体験が不足しがちになり，さまざまな人間関係もますます希薄化しつつある。さらに集団のために働く意欲や生活上の諸問題を話し合いによって解決する力も不足し，規範意識も低下している。その結果，子どもたちは，好ましい人間関係を築きにくくなり，望ましい集団活動を通した社会性が十分に育成されにくくなった。これらの指摘に対しては，特別活動のすべての内容（学級（HR）活動，児童会活動・生徒会活動，学校行事）でさらに積極的に取り組んでゆく必要があるだろう。

（2）特別活動の「目標」の改善点

　1998（平成10）年の旧学習指導要領では，特別活動の充実は当然のことながら，子どもたちが学校生活を満足して楽しく過ごせることが大切な視点であった。しかし実際にはそれが結果として，子どもたちの資質や能力の育成に十分つながっていなかったとの反省が多く出された。また旧学習指導要領では特別活動全体の「目標」は示されていたものの，各「内容」（学級活動，児童会・生徒会活動，学校行事）の目標までは示されていなかった。そのため，各「内容」を通してどのような能力や態度が育成されるのかが焦点づけられておらず，あいまいさが残っていた。

　しかしながら2008（平成20）年の新学習指導要領では，それらの点が大幅に改善された。具体的には特別活動全体の「目標」を受けて，新たに学級（HR）活動，児童会・生徒会活動および学校行事ごとに「目標」が示されたために，育てたい能力や態度が従前よりもさらに明確になり，このために効果的，重点的な特別活動の指導がより深められることになった。さらに児童・生徒の実態をふまえて特別活動全体の「目標」のなかに，新たに「人間関係」の文言も加えられた。この文言追加は，最近の子どもたちにとって適切な人間関係が育成されにくい社会状況にあって，なんとかそれらの問題を打破するための学校教

育の懸命な対応の表れの具体策といえるだろう。

### (3) 各「活動」と学校行事の改善点

2008（平成20）年の改訂において，各「活動」や学校行事ごとに，発達の段階や課題に即した「目標」および「内容」が示されたことは注目に値する。「目標」については，上記のように各「活動」や学校行事の特質に応じて，育てたい能力や態度が示されている。

### ①「学級活動」の改善点

1998（平成10）年の特別活動における「児童会活動・学級活動・ホームルーム活動」では，以下の問題点がすでに指摘されていた。第一に，中・高等学校においてもその中核となる学級活動やホームルーム活動の内容について，また小学校では6年間の児童会活動の活動内容がまとめて示されていたため，発達や学年の課題に対応した適切な活動が行われにくかった。また，中学校および高等学校では，内容が網羅的であったために，重点を置いた内容の指導が実施しにくいという問題点があった。第二に，学校段階の接続の問題として近年，「小1プロブレム」，「中1ギャップ」など集団への適応に関わる新しいしかも深刻な問題が出てきた。

そこで2008（平成20）年の新学習指導要領では，学級活動の「目標」が新たに設定され，そのことにより子どもの自主的で自発的な活動が重視され，子どもの実態に適切に対応しやすくなった。その結果，子どもの発達や学年の段階や課題に即した重点的な指導が従前以上にしやすいように改善された。実際の指導では，子どもたちの発達の段階をふまえて，自らよりよい学校生活の実現に取り組む意欲の向上，集団や社会の一員として守るべきルールやマナーの習得，望ましい勤労観・職業観の育成，将来への希望といった人間としての生き方の自覚などにかかわる事項に重点を置いた工夫がよりいっそう求められることとなった。

また，「中1ギャップ」等に代表される集団の適応にかかわる問題も深刻で

あるために，特に中学校入学時には，小学校との接続に配慮しつつ，指導の重点化を図ることがきわめて重要な課題となってきている。さらに学級活動を指導する際，「総合的な学習の時間」などとの有機的な関連を図り，題材設定や指導方法を工夫する姿勢も求められる。

「学級活動」において，育てたい能力や態度として，望ましい人間関係形成力，よりよい学校生活づくりに参画する態度，問題を解決する自主的，実践的な態度や健全な生活態度を育成する態度等が特に重視され始めている。その内容は，新たに(1)「学級や学校の生活づくり」，(2)「適応と成長及び健康安全」，(3)「学業と進路」の３つにまとめられている。「小１プロブレム」や「中１ギャップ」などに見られる集団への適応問題，思春期の心の問題，社会的自立をめざす「キャリア教育」など，今日的な教育課題と深く関連した活動内容が含まれている。

ここで，先に出てきたいくつかの教育用語の説明を簡単にしておきたい。

●「小１プロブレム」とは

第一は新保真紀子（神戸親和女子大学教授）が命名した「小１プロブレム」である。遊びや活動を中心とした幼稚園や保育所での生活と，教科による学習が中心となる小学校での生活とは本質的に異なる。こうした変化の移行段階での不適応と混乱が「小１プロブレム」と呼ばれている。小学校入学後に，学校生活・授業・人間関係・集団行動への適応がスムーズにできないこと（たとえばわがまま，着席して話が聞けない等）などの問題を指し示す。自制心や規範意識の希薄化，生活習慣の確立の不十分さ，問題行動等も指摘されている。これらの背景には保護者の教育力の低下が指摘されている。教師が子どもたちと向き合う時間の確保が本質的な課題である。また外部人材の活用を視野に入れつつ，幼稚園・小学校の連携も必要不可欠であり，また幼・小の発達段階を考慮し，一貫した教育が求められる。さらには少人数学習の措置，保護者への啓発の強化などによって，しつけや生活習慣の確立が喫緊の課題でもある。

●「中１ギャップ」とは

第二は「中１ギャップ」である。これは，小学校のときとの教育環境の違いに起因する不適応の問題である。たとえば，中学生になり専門の教科が開始されることに伴い，学習，教科担任制への戸惑い，講義調の授業への不満，友人や先生との人間関係

の不安などがおうおうにして生じてくる。また小学校では，通常，選抜によるものではなく卒業生全員が何らかの形で中学校へ進学するが，中学校では高校進学への受験プレッシャーが強くなる。「中1ギャップ」はこれらに起因する不適応の問題を意味する。解決策の一つとしては，なによりも小・中の連携が不可欠であり，また生徒指導や授業展開に関する小・中学校の一貫性や円滑な接続が求められる。小学校高学年と中学校1学年の指導計画，授業改善に本気で取り組む必要がでてくるだろう。

② 「児童会」「生徒会活動」の改善

　望ましい人間関係を形成し，集団・社会の一員としてよりよい学校生活づくりに参画する態度や自治的能力の育成を目指すことが「児童会」「生徒会活動」の目標である。小学校の「児童会」の内容を明確にして活動の充実を図るために，新たに「児童会の計画や運営」「異年齢集団による交流」「学校行事への協力」の内容が示された。

　また中・高等学校の「生徒会活動」の活動内容として，2008（平成20）年の改訂では具体的に5項目が示されている。①生徒会の計画や運営，②異年齢集団による交流，③生徒の諸活動についての連絡調整，④学校行事への協力，⑤ボランティア活動などの社会参加，である。異年齢集団による交流活動を充実し社会性を育むこと，またボランティア活動などの社会参加によって地域の人々との幅広い交流活動を推進し社会性を育むことなどが特に強調された。「生徒会活動」については，学校内外における異年齢の子どもたちで構成された集団による健全な人間関係の広がりが期待されている。また，よりよい学校生活を主体的に築こうとする自治的能力や責任感の育成を重視する観点も重要であろう。「生徒会活動」を展開するにあたっては，よりよい人間関係を築く力，社会に参画する態度や自治的能力の育成が特に重視されている。

③ 「学校行事」の改善

　「学校行事」についても2008（平成20）年の改訂で新たに目標が記述され，内容が整理された。最近の子どもたちは，自分に自信がもてず人間関係に不安を感じていたり，好ましい人間関係を築けず社会性の育成が不十分であったりす

る事例が見られる。それらを改善するために，体験活動や話合い活動を一層重視することが求められている。特に「学校行事」として展開する「体験活動」については，その体験を通じて感じたり気づいたりしたことを振り返り，言葉でまとめたり発表しあったりする活動が重視されている。

「学校行事」の内容についての改善は，「集団への所属感や連帯意識を深めつつ，学校や社会の中での様々な人とのかかわり，生きること・働くことの尊さを実感する機会をもつことが重要であることや，また本物の文化に触れたり，文化の継承に寄与する視点をもつことが必要である。」（中央教育審議会答申，平成20年1月17日）との視点に立ち，職場体験・奉仕体験・文化的な体験などの体験活動が重視されている。

具体的には，子どもたちの社会性や豊かな人間性を育むため，その発達段階に応じて，小学校では集団宿泊活動，中学校では職場体験活動，高等学校では奉仕体験活動や就業体験活動を重点的に推進するように示されている。

体験活動の柱の一つである「学校行事」では，望ましい人間関係を築く力，公共の精神の涵養，集団や社会への所属感や連帯感を深めることなどが目標として示された。5つの内容は次のとおりである。①儀式的行事，②文化的行事，③健康安全・体育的行事，④遠足（旅行）・集団宿泊的行事，⑤勤労生産・奉仕的行事である。

とくに②に関連することであるが，1998（平成10）年の旧学習指導要領では「学芸的行事」とあったものが，2008（平成20）年改訂の新学習指導要領では名称が「文化的行事」に変更された。その理由として，本物の文化や芸術に触れたり鑑賞したりする活動，文化の継承に寄与する活動などを充実する等が挙げられている。

また，⑤の勤労生産・奉仕的行事では，社会的自立を高める観点から，職場体験等の職業や進路にかかわる啓発的な体験が重視されている。さらに共助，共生の精神を体得するなど社会奉仕の精神を養う体験が重視された。

● 「公共の精神の涵養」とは
　ここで「公共の精神の涵養」の用語の補足説明をしておこう。公共の精神（規範意

識)とは，改正教育基本法第2条3で「…公共の精神に基づき，主体的に社会の形成に参画し，その発展に寄与する態度を養うこと」と規定されている。また2006（平成18）年に改正された学校教育法の第21条に「…規範意識，公正な判断力並びに公共の精神に基づき主体的に社会の形成に参画し，その発展に寄与する態度を養うこと」と記されている。つまり規範意識を育てるとは，判断や評価，行為等の依拠する基準を意識しつつ行動することを求めることである。さらに「公共の精神を育む」とは，自己中心的な行動ではなく，社会を意識した行動をすることを意味する。これらに関わる教育内容については，学習指導要領の総則や，社会，生活，道徳，特別活動等で示されている。公共の精神の対極にあるのは，私利・私欲である。また身近な例としては公共の場所・空間でのマナーの遵守も含まれよう。改訂教育基本法は，教育の目標として，公共の精神の尊重を掲げている。

## ④「指導計画の作成と内容の取扱い」の改善点

(1) 全体計画および年間指導計画の作成

　2008（平成20）の改訂後においては，特別活動の全体計画および各活動・学校行事の年間指導計画を作成することさらには各教科，道徳および総合的な学習の時間などの指導との関連を図ることが明記された。

(2) よりよい生活を築くための活動の充実

　中学校入学当初に，個々の生徒が学校生活に適応し，希望と目標をもって生活できることや話し合い活動，きまりをつくり守る活動，人間関係形成力を養う活動などを充実することが示された。

(3) 発達の段階に応じた内容の重点化

　小学校の学級活動では，道徳教育の重点化などをふまえ，各学年において取りあげる指導内容の重点化が図られた。また必要に応じて，内容間の関連や統合を図ったり，他の内容を加えたりできることが示された。

(4) 体験活動の推進と言語活動の充実

　学校行事においては，自然体験，社会体験などの体験活動をいっそう充実し，中学校段階ではとくに職場体験活動を重視している。また体験活動を通して気づいたことなどを振り返り，まとめたり，発表し合ったりする言語活動の充実の工夫が求められている。

(5)「道徳教育」との関連

　小学校では善悪の判断・集団や社会のルール・自己の生き方が，中学校では法やルール・社会とのかかわりをふまえた人間としての生き方が，そして高等学校では社会の一員としての人間の在り方生き方を重視した指導が，道徳教育において推進されるべきである。このあり方は，子どもの実態や指導上の課題をふまえ，学校や学年の段階ごとに道徳教育の指導の重点や特色を明確にすべきとの道徳教育の課題に応えたものである。

　このことから，特別活動における学校行事，特に体験活動（具体的には小学校の集団宿泊活動，中学校の職場体験活動，高等学校の奉仕体験活動や就業体験）を計画・実施する際には，体験活動を通して道徳的心情を育て，道徳的実践力を発揮する工夫が必要となる。

第4章　小・中・高等学校における特別活動の改訂の要点

## 表4-1　中学校学習指導要領「特別活動」新旧対照

| 第4章　特別活動〔旧〕 | 第5章　特別活動〔新〕 |
|---|---|
| 第1　目標<br>　望ましい集団活動を通して，心身の調和のとれた発達と個性の伸長を図り，集団や社会の一員としてよりよい生活を築こうとする自主的，実践的な態度を育てるとともに，人間としての生き方についての自覚を深め，自己を生かす能力を養う。 | 第1　目標<br>　望ましい集団活動を通して，心身の調和のとれた発達と個性の伸長を図り，集団や社会の一員としてよりよい生活や**人間関係**を築こうとする自主的，実践的な態度を育てるとともに，人間としての生き方についての自覚を深め，自己を生かす能力を養う。 |
| 第2　内容 | 第2　各活動・学校行事の，目標及び内容 |
| **A　学級活動**<br>　学級活動においては，学級を単位として，学級や学校の生活への適応を図るとともに，その充実と向上，生徒が当面する諸課題への対応及び健全な生活態度の育成に資する活動を行うこと。<br><br>(1)　学級や学校の生活の充実と向上に関すること。<br>　学級や学校における生活上の諸問題の解決，学級内の組織づくりや仕事の分担処理，学校における多様な集団の生活の向上など<br>(2)　個人及び社会の一員としての在り方，健康や安全に関すること。<br>　ア　青年期の不安や悩みとその解決，自己及び他者の個性の理解と尊重，社会の一員としての自覚と責任，男女相互の理解と協力，望ましい人間関係の確立，ボランティア活動の意義の理解など<br>　イ　心身ともに健康で安全な生活態度や習慣の形成，性的な発達への適応，学校給食と望ましい食習慣の形成など<br><br>(3)　学業生活の充実，将来の生き方と進路の適切な選択に関すること。<br>　学ぶことの意義の理解，自主的な学習態度の形成と学校図書館の利用，**選択教科等の適切な選択**，進路適性の吟味と進路情報の活用，望ましい職業観・勤労観の形成，主体的な進路の選択と将来設計など | **〔学級活動〕**<br>1 目標<br>　学級活動を通して，望ましい人間関係を形成し，集団の一員として学級や学校におけるよりよい生活づくりに参画し，諸問題を解決しようとする自主的，実践的な態度や健全な生活態度を育てる。<br>　学級を単位として，学級や学校の生活の充実と向上，生徒が当面する諸課題への対応に資する活動を行うこと。<br>2 内容<br>(1)　学級や学校の生活づくり<br>　ア　学級や学校における生活上の諸問題の解決<br>　イ　学級内の組織づくりや仕事の分担処理<br>　ウ　学校における多様な集団の生活の向上<br>(2)　適応と成長及び健康安全<br>　ア　思春期の不安や悩みとその解決<br>　イ　自己及び他者の個性の理解と尊重<br>　ウ　社会の一員としての自覚と責任<br>　エ　男女相互の理解と協力<br>　オ　望ましい人間関係の確立<br>　カ　ボランティア活動の意義の理解と参加<br>　キ　心身ともに健康で安全な生活態度や習慣の形成<br>　ク　性的な発達への適応<br>　ケ　**食育の観点を踏まえた**学校給食と望ましい食習慣の形成<br>(3)　学業と進路<br>　ア　学ぶことと**働くこと**の意義の理解<br>　イ　自主的な学習態度の形成と学校図書館の利用<br>　ウ　進路適性の吟味と進路情報の活用<br>　エ　望ましい勤労観・職業観の形成<br>　オ　主体的な進路の選択と将来設計 |
| **B　生徒会活動**<br>　**生徒会活動**においては，学校の全生徒をもって組織する生徒会において，学校生活の充実や改善向上を図る活動，生徒の諸活動についての連絡調整に関する活動，学校行事への協力に関する活動，ボランティア活動などを行うこと。 | **〔生徒会活動〕**<br>1 目標<br>　生徒会活動を通して，望ましい人間関係を形成し，集団や社会の一員として学校生活づくりに参画し，協力して諸問題を解決しようとする自主的，実践的な態度を育てる。<br>2 内容<br>　学校の全生徒をもって組織する生徒会において，学校生活の充実と向上を図る活動を行うこと。<br>　(1)　生徒会の計画や運営<br>　(2)　異年齢集団による交流<br>　(3)　生徒の諸活動についての連絡調整<br>　(4)　学校行事への協力<br>　(5)　ボランティア活動などの社会参加 |

*61*

| 〔旧〕 | 〔新〕 |
|---|---|
| | 1 目標　学校行事を通して，望ましい人間関係を形成し，集団への所属感や連帯感を深め，公共の精神を養い，協力してよりよい学校生活を築こうとする自主的，実践的な態度を育てる。 |
| C 学校行事　　学校行事においては，全校又は学年を単位として，学校生活に秩序と変化を与え，**集団への所属感を深め**，学校生活の充実と発展に資する体験的な活動を行うこと。<br>(1) 儀式的行事<br>　学校生活に有意義な変化や折り目を付け，厳粛で清新な気分を味わい，新しい生活の展開への動機付けとなるような活動を行うこと。<br>(2) 学芸的行事<br>　平素の学習活動の成果を総合的に生かし，その向上の意欲を一層高めるような活動を行うこと。<br>(3) 健康安全・体育的行事<br>　心身の健やかな発達や健康の保持増進などについての理解を深め，安全な行動や規律ある集団行動の体得，運動に親しむ態度の育成，責任感や連帯感の涵養（かんよう），体力の向上などに資するような活動を行うこと。<br>(4) 旅行・集団宿泊的行事<br>　平素と異なる生活環境にあって，見聞を広め，自然や文化などに親しむとともに，集団生活の在り方や公衆道徳などについての望ましい体験を積むことができるような活動を行うこと。<br>(5) 勤労生産・奉仕的行事<br>　勤労の尊さや創造することの喜びを体得し，職業や進路にかかわる啓発的な体験が得られるようにするとともに，ボランティア活動など社会奉仕の精神を養う体験が得られるような活動を行うこと。 | 〔学校行事〕 2 内容　全校又は学年を単位として，学校生活に秩序と変化を与え，学校生活の充実と発展に資する体験的な活動を行うこと。<br>(1) 儀式的行事<br>　学校生活に有意義な変化や折り目を付け，厳粛で清新な気分を味わい，新しい生活の展開への動機付けとなるような活動を行うこと。<br>(2) 文化的行事<br>　平素の学習活動の成果を発表し，その向上の意欲を一層高めたり，**文化や芸術に親しんだりする**ような活動を行うこと。<br>(3) 健康安全・体育的行事<br>　心身の健やかな発達や健康の保持増進などについての理解を深め，安全な行動や規律ある集団行動の体得，運動に親しむ態度の育成，責任感や連帯感の涵養，体力の向上などに資するような活動を行うこと。<br>(4) 旅行・集団宿泊的行事<br>　平素と異なる生活環境にあって，見聞を広め，自然や文化などに親しむとともに，集団生活の在り方や公衆道徳などについての望ましい体験を積むことができるような活動を行うこと。<br>(5) 勤労生産・奉仕的行事<br>　勤労の尊さや創造することの喜びを体得し，**職場体験**などの職業や進路にかかわる啓発的な体験が得られるようにするとともに，共に助け合って生きることの喜びを体得し，ボランティア活動などの社会奉仕の精神を養う体験が得られるような活動を行うこと。 |
| 第3　指導計画の作成と内容の取扱い<br>　1　指導計画の作成に当たっては，次の事項に配慮するものとする。<br>(1) 学校の創意工夫を生かすとともに，学校の実態や生徒の発達段階などを考慮し，**教師の適切な指導の下に**，生徒による自主的，実践的な活動が助長されるようにすること。また，家庭や地域の人々との連携，社会教育施設等の活用などを工夫すること。<br>(2) 生徒指導の機能を十分に生かすとともに，教育相談（進路相談を含む。）についても，生徒の家庭との連絡を密にし，適切に実施できるようにすること。<br>(3) 学校生活への適応や人間関係の形成，選択教科や進路の選択などの指導に当たっては，ガイダンスの機能を充実するよう学級活動等の指導を工夫すること。 | 第3　指導計画の作成と内容の取扱い<br>　1　指導計画の作成に当たっては，次の事項に配慮するものとする。<br>(1) **特別活動の全体計画や各活動・学校行事の年間指導計画の作成に当たっては**，学校の創意工夫を生かすとともに，学校の実態や生徒の発達の段階などを考慮し，生徒による自主的，実践的な活動が助長されるようにすること。また，**各教科，道徳及び総合的な学習の時間などの指導との関連を図るとともに**，家庭や地域の人々との連携，社会教育施設等の活用などを工夫すること。<br>(2) 生徒指導の機能を十分に生かすとともに，教育相談（進路相談を含む。）についても，生徒の家庭との連絡を密にし，適切に実施できるようにすること。<br>(3) 学校生活への適応や人間関係の形成，進路の選択などの指導に当たっては，ガイダンスの機能を充実するよう〔学級活動〕等の指導を工夫すること。**特に，中学校入学当初においては，個々の生徒が学校生活に適応するとともに，希望と目標をもって生活をできるよう工夫すること。** |

第4章　小・中・高等学校における特別活動の改訂の要点

〔旧〕

2　第2の内容の取扱いについては，次の事項に配慮するものとする。
(1)　学級活動については，学校や生徒の実態に応じて取り上げる指導内容の重点化を図るようにすること。また，個々の生徒についての理解を深め，信頼関係を基礎に指導を行うとともに，指導内容の特質に応じて，教師の適切な指導の下に，生徒の自発的，自治的な活動が助長されるようにすること。

(2)　生徒会活動については，教師の適切な指導の下に，生徒の自発的，自治的な活動が展開されるようにすること。

(3)　学校行事については，学校や地域及び生徒の実態に応じて，各種類ごとに，行事及びその内容を重点化するとともに，行事間の関連や統合を図るなど精選して実施すること。また，実施に当たっては，幼児，高齢者，障害のある人々などとの触れ合い，自然体験や社会体験などを充実するよう工夫すること。

3　入学式や卒業式などにおいては，その意義を踏まえ，国旗を掲揚するとともに，国歌を斉唱するよう指導するものとする。

太字：削除された語句と事項
＿＿＿：変更された表現

〔新〕

(4)　第1章総則の第1の2及び第3章道徳の第1に示す道徳教育の目標に基づき，道徳の時間などとの関連を考慮しながら，第3章道徳の第2に示す内容について，特別活動の特質に応じて適切な指導をすること。
2　第2の内容の取扱いについては，次の事項に配慮するものとする。
(1)　〔学級活動〕及び〔生徒会活動〕の指導については，指導内容の特質に応じて，教師の適切な指導の下に，生徒の自発的，自治的な活動が効果的に展開されるようにするとともに，内容相互の関連を図るよう工夫すること。また，よりよい生活を築くために集団としての意見をまとめるなどの話合い活動や自分たちできまりをつくって守る活動，人間関係を形成する力を養う活動などを充実するよう工夫すること。
(2)　〔学級活動〕については，学校，生徒の実態及び第3章道徳の第3の1の(3)に示す道徳教育の重点などを踏まえ，各学年において取り上げる指導内容の重点化を図るとともに，必要に応じて，内容間の関連や統合を図ったり，他の内容を加えたりすることができること。また，個々の生徒についての理解を深め，生徒との信頼関係を基礎に指導を行うとともに，生徒指導との関連を図るようにすること。
(3)　〔学校行事〕については，学校や地域及び生徒の実態に応じて，各種類ごとに，行事及びその内容を重点化するとともに，行事間の関連や統合を図るなど精選して実施すること。また，実施に当たっては，幼児，高齢者，障害のある人々などとの触れ合い，自然体験や社会体験などの体験活動を充実するとともに，体験活動を通して気付いたことなどを振り返り，まとめたり，発表し合ったりするなどの活動を充実するよう工夫すること。
3　入学式や卒業式などにおいては，その意義を踏まえ，国旗を掲揚するとともに，国歌を斉唱するよう指導するものとする。

太字：追加された語句と事項
＿＿＿：変更された表現

## 2　高等学校学習指導要領解説にみる改善点

### (1) 目標の明確化

　高等学校学習指導要領の改訂で，特別活動においても目標の明確化が図られた点は特筆するべきであろう。ホームルーム活動，生徒会活動，学校行事の3つの「内容」において，「目標」が明確に位置づけられた。そこではそれぞれの指導を通じて，生徒にどのような資質や能力を育成するかが明らかにされた。この点が従前の学習指導要領には見られなかった改善点である。特別活動は，よりよい生活や人間関係を築こうとする自主的，実践的な態度を育てる教育活動であり，そのことをより一層明確にするため，目標に「人間関係」が加えられた。これにより，集団や社会の一員として，協力して学校生活の充実と発展に主体的にかかわる教育活動が再認識されねばならない。ここで確認のため，それぞれの目標を引用しておこう。

　　ホームルーム活動の目標：「望ましい人間関係を形成し，集団の一員としてホームルームや学校におけるよりよい生活づくりに参画し，諸問題を解決しようとする自主的，実践的な態度や健全な生活態度を育てる」こと。

　　生徒会活動の目標：「望ましい人間関係を形成し，集団や社会の一員としてよりよい学校生活づくりに参画し，協力して諸問題を解決しようとする自主的，実践的な態度や健全な生活態度を育てる」こと。

　　学校行事の目標：「望ましい人間関係を形成し，集団への所属感や連帯感を深め，公共の精神を養い，協力してよりよい学校生活や社会生活を築こうとする自主的，実践的な態度を育てる」こと。

### (2) 人間関係形成力の育成の重視

　特別活動は，道徳や総合的な学習の時間と深く関連していることはいうまでもない。それゆえそれぞれの役割を明確にして，公共の精神を養うこと等が肝要であり，それと同時に「よりよい人間関係」を築く力，社会に参画する態度

の育成が求められる。このように「よりよい人間関係」という文言は特別活動全体の「目標」として小・中・高等学校に共通して取り上げられており，今回の改訂のキーワードになっている。

## (3) 体験活動を基盤にした言語活動の組織化

　日本の高校生は他国の高校生と比較して，一般的に自分に自信がもてず，人間関係に不安を感じる場合が少なくない。さらに好ましい人間関係を築けず，社会性の育成が不十分であったりする状況が散見される。そうした状況を改善するために，話し合い活動や多様な異年齢の子どもたちからなる集団による活動の導入が必要不可欠となる。その際，体験を通じて感じたり，気付いたりしたことを振り返り，言葉でまとめたり，発表し合ったりする活動が重要な課題となるだろう。高等学校には小・中学校とは異なる，レベルの高い言語活動が求められることになる。

## (4) 道徳性を養い，人間としての成長を図る教育の充実

　高等学校においては現在，道徳の時間は設定されていない。しかし人間関係の希薄化，規範意識の低下が顕著になるなかで，高等学校でも，道徳性を養い，人間としての成長を図る教育の充実が焦眉の課題となってきている。また社会の一員としての自己の生き方を探求することも重要な視点であるため，「倫理」や「現代社会」（公民科），「ホームルーム活動」（特別活動）などでも積極的に，道徳について内容に触れることが検討されるべきであろう。

## (5) ホームルーム活動の内容の改善点

　特別活動におけるホームルーム活動では，自らよりよい学校生活の実現に取り組む意欲を育むことが求められる。また集団や社会の一員として守るべきルールやマナー，望ましい勤労観・職業観の育成が図られるべきである。さらに，ホームルーム活動を通してよりよい人間関係を築く力，協力して学校の生活の充実を図ることが重視されねばならない。今回の改訂によって，ホームルーム

活動は，①ホームルームや学校の生活づくり，②適応と成長及び健康安全，③学業と進路，という3つの内容に整理された。「働くことの意義と理解」「望ましい勤労観・職業観」が項目として新しく加わった。

（6）学校行事の内容の改善

特別活動における学校行事は生徒が協力しつつ充足感や連帯感を高め，望ましい校風を育てる活動である。学校行事の「内容」は，①儀式的行事，②文化的行事，③健康安全・体育的行事，④旅行・集団宿泊的行事，⑤勤労生産・奉仕的行事の5つに分類され，従前の分類がほぼ踏襲されている。

このような行事を通して，集団への所属感や連帯意識を深めつつ，社会的自立や社会貢献を念頭に置いた体験活動が求められる。また本物の文化に触れ，文化の継承に寄与する視点をもつことも大切であるために，「学芸的行事」から「文化的行事」へと名称が変更された。これらのことをふまえ，奉仕体験，就業体験，ボランティア活動などの社会奉仕の精神を養う体験的な活動が重視されるべきである。

（7）生徒会活動の内容の改善点

生徒会活動の活動内容については，従前になかった新しい項目として，①生徒会の計画や運営，②異年齢集団による交流，③ボランティア活動などの「社会参画」が挙げられている。この主体的な「社会参画」は，中学校レベルの「社会参加」という用語と区別して使用されている。全生徒を会員として組織する生徒会活動においては，上記の活動内容を通して，よりよい人間関係を築く力，社会に参画する態度や自治的能力の育成が重視されるべきである。

（8）特別活動と関連が深いショートホームルームや放課後の部活動などの重要性

学校教育では，教育課程に位置づけられていないものの，教育的意義が大きく，特別活動と関連が深いショートホームルーム（朝の会や帰りの会など），

第4章 小・中・高等学校における特別活動の改訂の要点

表4-2 高等学校「特別活動」改訂のポイント

○ ホームルーム活動，生徒会活動，学校行事ごとに目標を新たに規定し，よりよい人間関係を築く力，集団や社会の一員としてよりよい生活づくりに参画する態度の育成を特に重視し，それらにかかわる力を実践を通して高めるための体験活動や生活を改善する話合い活動を一層充実
○ 生徒の発達の段階を考慮し，ボランティア活動などの社会参画にかかわる内容を充実するとともに，就業体験などの体験活動を推進

（1）各活動・学校行事の改善事項

【ホームルーム活動】
○ 集団の一員としてよりよい学校生活づくりに参画
○ 社会において自立的に生きることができるようにするため，社会の一員としての自己の生き方を探求するなど，人間としての在り方生き方の指導を一層重視
○ 意見をまとめるなどの話合い活動や自分たちできまりをつくって守る活動，人間関係を形成する力を養う活動などを充実

【生徒会活動】
○ 集団や社会の一員としてよりよい学校生活づくりに参画
○ 意見をまとめるなどの話合い活動や自分たちできまりをつくって守る活動，人間関係を形成する力を養う活動などを充実
○ ボランティア活動などの社会参画の充実

【学校行事】
○ 集団への所属感や連帯感を深め，公共の精神を養う。
○ 就業体験などの職業観の形成や進路の選択決定などに資する体験活動を推進

（2）言語活動の充実・活用の重視
○ 体験活動を通して気付いたことなどを振り返り，まとめたり，発表し合ったりするなどの活動を充実

（出所） 文部科学省「高等学校各教科等改定案のポイント」
http://www.mext.go.jp/a_menu/shotou/new-cs/news/081223/013.pdf

日常で行われている清掃や日直などの当番の活動，さらには放課後の部活動などがあるが，これらについても特別活動の全体計画で触れられるべきである。

参考文献
犬塚文雄（2013）「特別活動の今日的意義——教育臨床の視点から」田中智志・橋本美保監修，犬塚文雄編著『特別活動論』一藝社．

新保真紀子著（2010）『小１プロブレムの予防とスタートカリキュラム――就学前教育と学校教育の学びをつなぐ』明治図書．

高旗正人・太田佳光（2011）「特別活動の今日的課題」高旗正人・倉田侃司編著『新しい特別活動指導論　第２版』ミネルヴァ書房．

中央教育審議会（2008）「幼稚園，小学校，中学校，高等学校及び特別支援学校の学習指導要領等の改善について」（答申，平成20年１月17日）．

日本教材システム編集部編（2008）『中学校学習指導要領新旧対照表』教育出版．

原清治編著（2007）『特別活動の探究』学文社．

広岡義之編著（2010）『新しい教育課程論』ミネルヴァ書房．

広岡義之編著（2010）『新しい特別活動論』創言社．

宮川八岐（2008）『小学校新学習指導要領ポイントと学習活動の展開　特別活動　平成20年版』東洋館出版．

文部科学省（2008）『小学校学習指導要領解説　特別活動編』（平成20年８月）東洋館出版社．

文部科学省（2008）『中学校学習指導要領解説　特別活動編』（平成20年９月）ぎょうせい．

文部科学省（2009）『高等学校学習指導要領解説　特別活動編』（平成21年12月）海文堂出版．

文部科学省ホームページ発表資料「高等学校各教科等改定案のポイント」
　http://www.mext.go.jp/a_menu/shotou/new-cs/news/081223/013.pdf

山口満（2009）「『特別活動』改訂のピンポイント解説」安彦忠彦編『平成21年版　高等学校学習指導要領　改訂のピンポイント解説』明治図書．

（広岡義之）

第5章

# 教科指導（総合的な学習の時間を含む）と特別活動

　特別活動は，望ましい集団活動を通して豊かな人間性や社会性を育成する実践活動である。児童生徒は「なすことによって学ぶ活動」を方法原理とした集団活動によって，自主的，実践的な態度が身につくことになる。このような態度が身についた集団は，自分たちの力で諸問題の解決に向けて具体的に活動を実践しようする。いわば，主体的・自治的な活動ができる集団になっている。
　教師は，児童生徒の学校生活をより充実したものとし展開させるために，各教科で習得した知識・技能・能力や態度を総合的に発展させ，さらに自発的な学びや生きる力へとつなげなければならない。特別活動で培った協力的かつ実践的態度は，各教科等の学習展開や指導だけでなく学習意欲にも影響を与えるといっても過言ではない。そもそも特別活動における体験は，各教科，道徳，外国語活動および総合的な学習の時間などの学習に対して興味・関心を高める活動であるといえる。そして，教科と特別活動は，ともに支え合い相互に補い合う補完的な関係にある。本章では特別活動が各教科等の目標を達成するうえでどのように関連しているのか，また集団活動で培った態度が学習活動にどのような影響を与えるのかを考える。

## 1　小学校の各教科および外国語活動と特別活動

### （1）各教科と特別活動の特質

　小学校の教育課程は学校教育法施行規則の第50条により「各教科，道徳，外国語活動，総合的な学習の時間並びに特別活動によって編成するものとする」

となっている。これらの5つの領域は、それぞれに教育目標および内容があり、小学校における教育の目的達成に向けた教育活動としての意義や特質を有している。しかし、各領域の意義や特質を強調し過ぎると、それぞれが独自なものとして存在するようになり、かえってそれぞれの特質が生かされず、教育的な効果は期待できない。したがって、適切な教育課程を編成し展開させるためには、各領域の意義や特質を正しく理解し、小学校教育目標を達成するといった総合的な視点から相互関連を図ることが必要となってくる。

それでは、特別活動の教育的意義とはどのようなものであるのだろうか。「小学校指導要領解説　特別活動編」においては次の点が挙げられている。

> ア　集団の一員として、なすことによって学ぶ活動を通して、自主的、実践的な態度を身に付ける活動である。
> イ　教師と児童及び児童相互の人間的な触れ合いを基盤とする活動である。
> ウ　児童の個性や能力の伸長、協力の精神などの育成を図る活動である。
> エ　各教科、道徳、外国語活動及び総合的な学習の時間などの学習に対して、興味・関心を高める活動である。また、逆に、各教科で培われた能力などが総合・発展される活動である。
> オ　道徳的実践を効果的に展開できる重要な場や機会であることを積極的に生かして、知・徳・体の調和のとれた豊かな人間性や社会性の育成を図る活動である。

特別活動の指導に当たっては、教育的意義を理解して効果的な計画を立て、望ましい集団活動が展開することが大切である。これらは、特別活動の性格をよく表しているが、ウとオは各教科にも共通した教育意義であるといえる。その他の項目については、特別活動の特徴とも関連しているので、各教科と特別活動を比べながらその特質を述べることとする。

① なすことによって学ぶ

特別活動は、アに記されているように、「なすことによって学ぶ」ことが特徴で、自主的、実践的な態度を身につけさせる活動である。児童にとって学校生活そのものが学びの場となり、現実に即してさまざまな実践が展開している。

そこからは，発達段階に沿った課題意識や生活意欲が生まれ，さらに高度の生活実践へとつながる。高学年の児童がリーダーとして活動できるのは，高度な生活実践が展開している証のひとつであろう。「なすことによって学ぶ」という特別活動の特徴は，あらゆる教育の場で展開し意味ある教育的実践へとつながっている。

　一方，教科の指導においては学問体系に基づく客観的な知識や技能の習得が求められており，直接的な生活体験が学びの場になるというよりは，生活場面から抽象化されることが多い。そのため，教科内容が生活意欲と直接つながりにくいと考えられている。しかし，授業においては導入段階で生活体験をふまえた課題が提示され，具体的な操作活動を取り入れることで学びが深められている。また，体験することで課題が生まれ，その課題を追求していくという，問題解決的な学習が展開されている。このように「なすことによって学ぶ」ことは，特別活動の特徴であるが，児童の主体的な学びを支える考え方として教科学習の授業場面で広く展開されている。

② 問題解決的な学習

　特別活動には，エに記されているように，学習に対して興味・関心を高める活動が多くある。たとえば学校行事の内容(4)遠足・集団宿泊的行事には，遠足，修学旅行，野外活動，集団宿泊活動などが考えられる。集団宿泊活動では，校外の豊かな自然や文化に触れる体験が計画され，自然のなかでの集団生活という平素と異なる生活環境が用意される。そこで児童はさまざまな体験から課題を見つけ学校における学習活動を充実・発展させる。修学旅行では実際に史跡を見学することで歴史や文化が身近なものとなり，教科学習においても興味・関心が高まることになる。逆に教科で培われた知識・能力などが，特別活動の活動場面で総合・発展することがある。たとえば，児童が学級活動や児童会活動などで行われる調査・統計・結果を効果的にまとめたり，「話すこと・聞くことの能力」を発揮してわかりやすく説明したりする場面である。これらの基礎となる能力は，国語，算数，理科，社会などの教科で培われた一例だと考え

られる。

　特別活動には，体験的な学習や基礎的・基本的な知識や技能を活用した問題解決的な場面が多くあり，児童は主体的に取り組む能力を体験的に身につけるようになっている。教科の指導においても，体験的な学習や問題解決的な学習に興味をもって取り組めるようになる。問題解決的な学習は，学ぶ楽しさや成就感の体得につながり，児童一人ひとりの学習場面や生活場面において生かされ，自主的・自発的な学びとして総合的にはたらくことになる。

　小学校学習指導要領総則「体験的・問題解決的な学習及び自主的，自発的な学習の促進」では次のように示されている。

> 　各教科等の指導に当たっては，体験的な学習や基礎的・基本的な知識及び技能を活用した問題解決的な学習を重視するとともに，児童の興味・関心を生かし，自主的，自発的な学習が促されるよう工夫すること。

　このように学習指導要領では各教科の指導においても問題解決的な学習や自主的，自発的な学習を重視するよう強調されている。教師は，主体的に学習に取り組む態度や資質，能力を養うことを常に意識している。そのためには，基礎的・基本的な知識・技能を活用させ，体験的な学習や問題解決的な学習を充実させることになる。教師は，児童の自主的，自発的な学習を促進するために，特別活動や各教科等の指導場面において，問題解決的な学習を重視し児童の興味関心を引き出すよう工夫しなければならない。

③　望ましい集団活動

　特別活動は，アの「集団の一員として，…」とあるように，「望ましい集団活動」を特別活動の目標を達成するための方法原理としている。

　学習指導要領第6章第1「目標」で次のように示している。「望ましい集団活動を通して，心身の調和のとれた発達と個性の伸長を図り，集団の一員としてよりよい生活や人間関係を築こうとする自主的，実践的な態度を育てるとともに，自己の生き方についての考えを深め，自己を生かす能力を養う」とある。

この目標は、学級活動、児童会活動、クラブ活動、学校行事の四つの内容目標を総括している。そして、教育課程の5つの領域（各教科、道徳、外国語活動、総合的な学習の時間、特別活動）において、各目標の冒頭に「望ましい集団活動を通して」と記述されているのは特別活動だけであり、その特性をよく表している。

望ましい集団活動とは、一人ひとりの児童が互いのよさや可能性を認め、生かし、伸ばし合うことができるような実践的な活動である。そして、児童の発達段階や特性、それぞれの集団の編成時期などを考慮しながら、個々の児童がもっている資質や能力をさらに高める集団活動である。

また、問題解決的な力が育っている集団は、自分たちの問題として捉え、よりよい解決策を見いだそうとする。自治的な集団になると、さまざまな集団活動を通して、所属する集団への所属意識をもち、集団の一員としての自覚をもって生活の向上のために進んで貢献していこうとする。このことは、特別活動が社会性の基礎を育成することにかかわっているといわれる所以である。

④ 人間関係

特別活動は、イの「…人間的な触れ合いを…」とあるように、教師と児童、児童相互の直接的な人間関係を基盤として展開される。児童の成長は、所属する集団の人間関係がどのようになっているかによって左右される場合が少なくない。よりよい人間関係のある集団では、親和的な雰囲気が生まれ特定の子を継続的に苦しめるような行為は発生しにくい。いじめにつながるようなトラブルに対してでも、教師の適切な指導のもとに自分たちで進んで解決しようとする動きが始まる。そのことが、結果としていじめなどの問題行動に対しての未然防止につながる。教師と児童や児童相互の人間的な触れ合いは、課題追求すべき活動内容や共同で達成しようとしている目標に大きく影響する。特別活動の目標のひとつは、集団の一員としてよりよい生活や人間関係を築こうとすることにある。

しかし、教科における教師と児童の間には、教科の論理的・系統的に組織さ

れた客観的な教材が介在する。人間関係は，教科の目標を達成させるための教育的要件のひとつではあるが，それを直接的にめざすということにはならない。

### (2) 外国語活動と特別活動の関係

外国語活動は，2011（平成23）年より学習指導要領全面実施により小学校第5，第6学年で年間35単位時間が必修化されている。小学校学習指導要領外国語活動（第4章第1）では，その目標が次のように示されている。

> 外国語を通じて，言語や文化について体験的に理解を深め，積極的にコミュニケーションを図ろうとする態度の育成を図り，外国語の音声や基本的な表現に慣れ親しませながら，コミュニケーション能力の素地を養う。

その内容の一つは，言語や文化について，体験的に理解を深めることができるようにすること。もう一つは，言語を用いてコミュニケーションを図ることができるようにすることである。

一方，特別活動は「望ましい人間関係の形成」がすべての各活動・学校行事の目標に共通に示されており，その特質は「なすことによって学ぶ」のように体験的からの学びを重視している。外国語活動の目標に記されている「体験的な理解」「コミュニケーション能力」というキーワードは，特別活動が目指し大切にしている特質である。このことからわかるように両者の特質を生かすことにより，結果として友だちとのかかわりを大切にした体験的コミュニケーション活動が効果的に展開できるようになる。特別活動によって培われた協力的で自発的かつ自主的，実践的な態度は，学校生活への適応を図るさまざまな場面において展開されることになる。たとえば，外国人児童や帰国子女を受け入れた際，言葉の問題や生活習慣の違いなどによる不適応が生じる場合がある。個に応じた適切な対応として，一人ひとりに対するきめ細かな指導や支援が必要になる。しかし，何よりも大切なのは，当該児童を取り巻く人間関係を好ましいものにして，教師児童ともに温かい対応を図れるような集団づくりである。このことは特別活動が担っていることであり，外国語活動と特別活動は，目的

や内容において深いかかわりをもっている。

## 2　道徳教育と特別活動

　道徳教育と特別活動との関連について，小学校学習指導要領の第1章総則の第1の2においては，「学校における道徳教育は，道徳の時間を要(かなめ)として学校教育全体を通して行うものであり，道徳の時間はもとより，各教科，外国語活動，総合的な学習の時間及び特別活動のそれぞれの特質に応じて，児童の発達の段階を考慮して，適切な指導をおこなわなければならない」と記されている。これを受け，特別活動の学習指導要領「特別活動」第6章，中学校は第5章で示されているように，指導においては特質に応じて適切に指導しなければならない。

　また，特別活動の目標においては，次の4つの視点を大事にしている。①心身の調和のとれた発達と個性の伸長，②自主的，実践的な態度，③自己の生き方についての考え，④自己を生かす能力である。この視点は道徳教育がねらいとする内容と共通している面が多く含まれており道徳教育との関連は深い。

### （1）道徳的実践の機会と場

　特別活動における望ましい集団生活や体験的活動は，日常生活における道徳的実践の指導をする重要な機会と場になり道徳教育に果たす役割は大きい。たとえば，自分の特徴を知って，悪いところを改めよい所を積極的に伸ばそうとする態度は，学習指導要領道徳の内容1「主として自分自身に関すること」に関連している。また，集団活動を通して身につけたい道徳性は，誠実に明るい心で生活しよりよい人間関係を築こうとしたり，身近な集団に進んで参加し主体的に責任を果たそうとしたりする態度などに表れる。それは，道徳の内容4「主として集団や社会とのかかわりに関すること」と関連している。このように，特別活動によって培う力は，道徳教育において身につけたい道徳性であり，それぞれが道徳の内容項目と深いかかわりをもっている。

（2）道徳の時間

　道徳の時間の目標は、「道徳教育の目標に基づき、各教科、外国語活動、総合的な学習の時間及び特別活動における道徳教育と密接な関連を図りながら、計画的、発展的な指導によってこれを補充、深化、統合し、道徳的価値の自覚及び自己の生き方についての考えを深め、道徳的実践力を育成する」と示されている。各領域にはそれぞれの特質に応じて行われる教育活動が展開し、道徳教育と密接な関連を図りながら計画的、発展的に実践されている。道徳の時間は、学校における道徳教育の要であり、道徳の時間だけで道徳教育のすべてを行うものではない。

　たとえば、特別活動には、その特質に応じて行われる活動において、道徳教育が目指す目標を意識しなければならない場面が多くある。そのときに行われる道徳教育と補充、深化、統合する道徳の時間が上手く機能しないとそれぞれの教育効果は期待できない。道徳の時間の指導にあたっては、集団宿泊活動やボランティア活動、自然体験活動などの体験活動を生かして道徳の時間のねらいを達成することになる。そこでは、特別活動のように直接的な体験活動をするのではなく、児童の発達の段階や特性などを考慮した工夫をしながら、さまざまな道徳的価値に気づかせ人間としての生き方について自覚を深めさせなければならない。

（3）道徳の時間と体験活動

　さまざまな体験活動が特別活動や総合的な学習時間などで進められており、体験活動の事前指導や事後指導を行うことで、道徳的な内容も意識して取り組まれている。道徳の時間においては、この体験活動を効果的に生かすことによって道徳的価値の自覚を深める指導が一層充実する。児童は、体験を通して道徳的価値に気づき、それに基づいた人間としての生き方について自覚を深めることになる。道徳の時間は、道徳性を身につける体験活動を通して、一人ひとりの道徳的価値を自覚し、道徳的心情、道徳的判断力、道徳的実践意欲と態度を包括する道徳的実践力を育成するものである。また、道徳の時間に育成した

道徳的実践力は，学校や学級でのよりよい生活や人間関係を築こうとする活動のなかで言語として表現されるとともに，集団や社会の一員としてよりよく生きようとする態度に表れることになる。このように道徳の時間での指導が，具体的な体験活動の場面に生かされたり，体験活動における道徳的実践の繰り返しが道徳の時間で育てる道徳的実践力を強めたりしている。特別活動では，道徳性の育成にかかわる体験的な活動を積極的に取り入れ活動を充実させることが重視されている。体験活動を生かすためには，道徳的実践力と道徳的実践との有機的な関連を図り効果的な指導を行わなければならない。

### (4) 道徳の時間と支持的風土

　道徳の時間には，自分の考えをもとに書いたり話し合ったりして，自分とは異なる考えに接したり自分の考えを深めたりする場面がある。児童は，各教科や総合的な活動などの学習で培った力を発揮し，より充実した表現を展開しようとする。自分自身のものの見方，考え方，感じ方を表現する機会が多いので，学級内のよりよい人間関係や支持的風土などの環境が整っていることが望ましい。児童は，自分自身の感じ方や考え方を言語化したとき，それを受け入れる学級集団であるかどうかを感じ取っている。

　学級活動で育てたい「自主的，実践的な態度」のひとつに，「互いに理解し合い，思いやり，みんなで協力し合って，進んでみんなのために働く自発的，自治的に楽しい学級をつくろうとする態度」がある。そのような楽しい学級の児童は，集団生活のために進んで力を尽くそうとしたり，互いのよさや可能性を生かしたりする。児童は，よりよい人間関係を築く態度を学び，学級における所属感を一層高めることで，学級の友だちから支持されていると感じている。支持的風土のある学級では，特別活動で培った力を十分に発揮し，より充実した学びが展開することで，道徳の時間のねらいにせまることになる。

## 3 総合的な学習の時間と特別活動

　総合的な学習の時間は，変化の激しい社会に応じて，自ら課題を見つけ，自ら学び，自ら考え，主体的に判断し，よりよく問題解決する資質や能力を育てることをねらいとする。これは思考力・判断力・表現力等が求められる「知識基盤社会」の時代において重要な役割を果たすものであり，「探究的な学習」を行うことや「協同的」に取り組む態度を育てることが明確にされている。
　「知識基盤社会」とは，「新しい知識・情報・技術が政治・経済・文化をはじめ社会のあらゆる領域での活動の基盤として飛躍的重要性を増す社会」のことであると定義されており，そのような社会では幅広い知識と柔軟な思考力が求められる。
　総合的な学習の時間の目標は，次の五つの要素から構成されている。
　　① 横断的・総合的な学習や探究的な学習を通すこと
　　② 自ら課題を見つけ，自ら学び，自ら考え，主体的に判断し，よりよく問題を解決する資質や能力を育成すること
　　③ 学び方やものの考え方を身につけること
　　④ 問題の解決や探究活動に主体的，創造的，協同的に取り組む態度を育てること
　　⑤ 自己の生き方を考えることができるようにすること
　これらのことから，総合的な学習の時間は，自ら見つけた課題について何らかの知識を身につけたり，課題解決する能力を育成したりすることだけを目指しているのではないとわかる。横断的・総合的な学習や探究的な学習を通して，子どもの主体的な学習を「生きる力」にまで高め，自己の生き方を考えさせてこそ総合的な学習の意味があるといえる。
　横断的・総合的な学習とは，国際理解・情報・環境・福祉・健康等の枠にとらわれない学習のことであり，各教科との関連的な指導をすることが必要になる。探究的な学習とは，物事の本質を探って見極めようとする一連の知的活動

であり，①課題設定⇒②情報収集⇒③整理・分析⇒④まとめ・表現，のような学習過程をたどることになる。

　また，総合的な学習と特別活動は目標において違いはあるが，次のような関連性もある。目標のひとつに「主体的，創造的，協同的に取り組む態度を育てる」とあるが，この「協同的」に取り組む態度は，総合的な学習だけで育てるのではなく，さまざまな集団活動を展開する特別活動においても培う大切な力である。特別活動は，生活上の諸問題を自発的，自治的に解決しようとする場面が多くあり，その場で培った力が，「総合的な学習の時間」に発展的に取り上げられている。さらに，特別活動で行われた生活上の体験活動が，「総合的な学習の時間」において，社会的な課題として深化し，地域社会とともに発展することも期待されている。このように，「総合的な学習の時間」は特別活動との有機的関連が図られるように配慮することが大切である。ただ，それぞれの特質の違いがあるものの，その共通性を捉えて安易に特別活動として流用することなく，活動計画を作成することが肝要である。

## （1）総合的な学習の時間の課題と改善

　総合的な学習の時間は，前述した5つの要素から構成された内容である。なかでも大きな違いは，総合的な学習の時間は「横断的，総合的な学習や探究的な学習を通して」であり，特別活動の特質は「望ましい集団活動を通して」と示されていることである。その違いがあるにもかかわらず，教科の知識・技能の習得を図る補充学習に当てられたり運動会の準備などと混同されたりした実践が行われた例がある。そこで，総合的な学習の時間の課題として示され，関連する教科内容との関係の整理，特別活動との関係の整理を行うことが求められている。

　改善の基本方針は，①教科等の枠を超えた横断的・総合的な学習，探究的な活動となるよう充実を図る，②総合的な学習の時間におけるねらいや育てたい力を明確にする，③総合的な時間と各教科，選択教科，特別活動などの教育課程における位置づけを明確にする，などである。特別活動とは円滑な連携を図

るという観点からそれぞれの特質をふまえ，ねらいや育てたい力を明確にして，十分な条件整備や教師の創意工夫が必要になってくる。

(2) 総合的な学習の時間と特別活動との関連

　総合的な学習の時間の在り方と最も共通している領域が，集団活動を基盤にする特別活動である。特別活動の目標「望ましい集団活動を通して，…自主的，実践的な態度を育てるとともに，自己の生き方についての考えを深め，自己を生かす能力を養う」と総合的な学習の時間の目標「横断的・総合的な学習の探究的な学習を通して，…主体的，創造的，協同的に取り組む態度を育て，自己の生き方を考えることができるようにする」と示されているようにその特質は違っている。しかし，その関係は，児童が自主的あるいは主体的に物事に取り組む態度を養うことを目標としている点において共通点が見られ，双方向的な関係である。

　学習指導要領総則には「総合的な学習の時間における学習活動により，特別活動の学校行事に掲げる各行事の実施と同様の成果が期待できる場合においては，総合的な学習の時間における学習活動をもって相当する特別活動の学校行事に掲げる各行事の実施に替えることができる」と記述されている。これは，総合的な学習として横断的・総合的な学習や探究的な学習が実施されていることを前提とするが，体験活動を実施した結果，特別活動の学校行事と同様の成果が期待できる場合に限り，特別活動の時間として実施したと判断できるようになる。

① 体験活動の重視

　総合的な学習の時間では体験活動を重視している。ただ，学習指導要領に示された目標並びに各学校において定める目標および内容をふまえ，問題の解決や探究活動の過程を適切に位置づけることが重要である。総合的な学習における体験活動は，設定した課題に迫り，課題の解決につなげていくものである。予想を立て検証したり事象と自分とのかかわりについて課題を再設定したりす

るなど，問題解決や探究活動につながる体験活動である。

　総合的な学習の時間においては，主体的に取り組むことができる体験活動でなければならない。児童は，個々の発達に合った課題を設定し，自らの興味・関心に応じた学習を展開し，明確な目的のある体験活動に取り組むようになる。たとえば，総合的な学習の時間における体験活動のひとつとして自然学校を位置づけることができるだろう。「自然の偉大さや美しさにふれ，その中で地域の人々と出会い，友だちとの人間関係を深めながら協同的に学ぶ」というねらいである。この体験活動は，特別活動の学校行事として実施する「遠足・集団宿泊的行事」の一部として行うことも考えられる。ただ，その際にも人間関係や集団生活の在り方などの特別活動のねらいに触れながら，総合的な学習の時間における問題解決や探究活動が適切に位置づけられているかが問われることになる。

　同様に，修学旅行を総合的な学習の時間と関連させるには，児童が訪問先のことについて事前に調べ，疑問に思うことや課題を設定し，現地でどんな学習活動をするかなどの計画を立てることが必要になる。教師は，児童の学習課題を把握し，インタビューの機会を設けるなどして自主的な学習活動を保障しなければならない。さらに事後学習として，解決したことをまとめさせたり，解決できなかったことを再度追求させたりして，一連の体験学習が総合的な学習の時間としてふさわしい探究的な学習になっていなければならない。

② 他者との協同を重視

　学習指導要領総合的な学習の時間の「第4章　指導計画の作成と内容の取扱い」において「問題の解決や探究活動の過程においては，他者と協同して問題を解決しようとする学習活動や，言語により分析し，まとめたり表現したりするなどの学習活動が行われるようにすること」と記述されている。協同的に学ぶことにより探究的な学習として児童の学習の質を高めることにつながる。体験活動では，それぞれの児童が多様な情報を手に入れ，それらを出し合い，情報交換しながら学級全体で考えたり話し合ったりして協同的に取り組む場面が

多くある。課題によっては，一人でできないこともあり，グループや集団で学習活動を進めることになる。児童が共同して学習活動に取り組むことは，問題の解決や探究活動を持続させるとともに，一人ひとりの考えを深め自らの学習に対する自信をもたせることにつながる。そして，特別活動で培った力が，グループや集団において望ましい人間関係を形成し，支持的な風土の学級集団や学年集団にすることで協同的な学習活動を支える。他者との協同を重視することは，個の学習と集団の学習が互いに響き合い，質の高い学習が成立することになる。

## 4　各教科と各活動および学校行事

　各活動のひとつである学級活動においては，各教科で身につけた能力などを楽しく豊かな学級や学校の生活づくりに活用することが大切である。各教科の学習内容と学級活動を関連させることで，学級活動の指導内容を重点化したりその指導の効果を高めたりすることが考えられる。各教科とは双方向的な関係にあることから，学級活動で身につけた自主的，実践的な態度を各教科の学習に生かすことも大切になってくる。特に学級活動の話合い活動は，国語科を中心とした各教科で培った表現する能力，伝える能力，要約して記録する能力などの言語活動を発揮させる場として指導することが肝要である。

　児童会活動においては，各教科，道徳，外国語活動および総合的な学習の時間などの指導と関連を図ることが大切である。児童会活動において習得された自主的，自発的，実践的な態度や活動意欲は，各教科の学習においても生かされ効果的な展開を促すと考える。児童会活動は学校の実態をふまえ効果的に展開されており，年間計画も各教科，道徳，外国語活動，総合的な学習の時間および特別活動における他の内容などの指導計画と有機的に関連し合うように作成されている。児童会活動は全校的な活動であるので全教師の共通理解と協力が必要である。その運営は主として高学年の児童が行うが，高学年の教師だけに任せるのではなく，何らかの役割を適切に分担して指導することが大切であ

る。主として高学年が運営に当たる児童会活動の形態は、代表委員会、委員会活動、児童集会活動の3つに分けることができる。高学年の児童は、各教科などで培った力を発揮することで、話合い活動や集会活動を全児童のリーダーとして効果的に運営することになる。

　クラブ活動は、主として4年生以上の児童で組織される学年や学級が異なる同好の児童集団によって行われている。児童は集団の一員として、みんなで話し合い協力して活動したり、異年齢における望ましい人間関係を築いたりしてよりよいクラブづくりに参画している。クラブ活動で身につけた自主的、実践的な態度は、各教科等の学習に生かされるとともに、各教科で身につけた能力はクラブ活動のさまざまな場面で活用されているという双方向的で密接な関係性がある。児童がクラブ活動を通して身につけたさまざまな技能や態度が、その他の教育活動においても生かされ、学級生活や学校生活をより一層充実させることにつながる。

　学校行事は、特色ある学校づくりを進め、よりよい校風をつくっていく上で中心的な役割を果たし、学校全体の調和を図るとともに児童の学校生活を実りある豊かなものにしている。その特徴は、全校または学年という大きな集団による自主的、実践的な態度を育てる活動である。学習指導要領では、すべての学年で取り組むべき内容として、①儀式的行事、②文化的行事、③健康安全・体育的行事、④遠足・集団宿泊的行事、⑤勤労生産・奉仕的行事、の5つが示され、各行事にはねらいと内容が示されている。学校行事では日ごろの学習の成果が総合的に発揮され、さらにその発展が図られている。学校行事で身につけた自主的、実践的な態度は、各教科など他の教育活動における学習や経験において総合的に生かされ、各目標を達成するための基盤的な役割を担っている。

## 5　学ぶ土壌を育てる特別活動

　確かな学力、豊かな心、健やかな体の知・徳・体をバランスよく育てることを大切にする「生きる力」を育むことがますます重要になっている。学校現場

は，確かな学力を確立するために必要な時間数の確保を行っている。学校行事をさらに精選することで，教科の時間数の補充にあてている学校もみうけられる。

　教科と特別活動は，ともすると二者択一的に，また相対立するもののように考えられがちであった。教師が教科指導に力を入れると特別活動が不振に陥り，特別活動に力を入れると教科指導が不振になり学力が低下するというのである。しかし，特別活動が不振なところは，教科の学習場面において主体的・協力的な態度にばらつきがみられ，集団として学ぶ意欲にまで高まらないことがある。結果として，集団全体の学力アップにつながってこない。特別活動に力を入れているところは，児童の相互交流や小集団での学習が効果的に展開し，教科の学習も充実することで個々の学力や意欲も高くなるといわれている。

　特別活動が充実している学級は，教師と児童，児童相互に温かく親密な人間関係が築かれ，児童は精神的，情緒的に安定して生活意欲が高まる。さらに，学級のなかに支持的な風土が醸成され，教科学習においても活発に発表するなど協同的な学習が展開するようになる。そして，教科への学習意欲の喚起・高揚や教科の学習に取り組む姿勢・態度の形成もよりよい影響を及ぼしている。

　特別活動における集団指導の成果は，各教科の学習指導における集団的基底に作用する。各教科と特別活動は異なる目標を設定されているが，いずれも集団活動であることは共通している。児童が高いモラルをもって効果的に学習するためには，特別活動でよりよい集団の形成を目指し，全員参加の支持的風土を当該集団に形成することが望ましい。

　教科の学習が充実するためには，教師と児童および児童相互の間に温かい人間関係が築かれ，学級集団に受容的，支持的風土が醸成され，生活意欲や学習意欲が喚起・高揚され，自主的，自発的，協力的，実践的な態度が形成されることを求められる。これらは，特別活動における集団指導の成果が充実していないと達成できない。各教科の学習が充実することによって特別活動も成果をあげ充実し，また，特別活動が充実すれば，各教科の学習も充実・発展するというように，両者は密接に関連しており，両者の有機的な関連を図っていくこ

第5章　教科指導（総合的な学習の時間を含む）と特別活動

とになる。

　まさに，各教科と特別活動は相互補完的関係にあり，学校教育目標の達成を目指して，両者はスパイラル的により質の高いものへと発展していく可能性をもっている。

**参考文献**
高旗正人・倉田侃司編（2011）『新しい特別活動指導論　第2版』ミネルヴァ書房。
高橋哲夫ほか編（2013）『特別活動研究　第三版』教育出版。
文部科学省『小学校学習指導要領解説　総則編』（2008年8月）東洋館出版社。
文部科学省『小学校学習指導要領解説　特別活動編』（2008年8月）東洋館出版社。
文部科学省『小学校学習指導要領解説　総合的な学習の時間編』（2008年8月）東洋館出版社。
文部科学省『中学校学習指導要領解説　道徳編』（2008年8月）日本文教出版。

（長谷川重和）

# 第6章

# 指導計画の作成と
# 内容の取扱いと配慮事項

　特別活動の目的・目標達成のための指導計画の作成と内容の取扱いの意義の明確化，実践の手順について考え，それらに関する配慮事項を整理する。
　それらは，学習指導要領の「第5章　特別活動　第3　指導計画の作成と内容の取扱い」に深く関連する。まず，この部分を考察することから始める。

## 1　特別活動の指導計画の作成と内容の取扱いと配慮事項

### （1）全体の指導計画の作成と内容の取扱いと配慮事項

　指導計画の作成と内容の取扱いにかかわる内容ならびに指導計画の作成に当たる配慮事項が，新学習指導要領第5章特別活動第3に，明記されている。

　特別活動全体計画や年間指導計画作成に際し，学校の創意工夫を生かし，学校の実態や生徒の発達段階などを考慮し，生徒の自主的，実践的な活動が助長されるようにする。また，各教科，道徳および総合的な学習の時間などの指導と関連を図り，家庭や地域社会との連携，社会教育施設等の活用などを工夫する。次に，生徒指導機能を十分に活用し，教育相談（進路相談を含む）にしても，家庭との連絡を密にする。学校生活への適応や人間関係の形成，進路選択などの指導は，ガイダンス機能を充実する学級活動等の指導を工夫する。

　第1章総則第1の2および第3章道徳第2の内容の取り扱いは，次の事項に配慮する。すなわち，学級活動および生徒会活動の指導は，教師の適切な指導

の下に，内容の自然的，自治的な活動が効果的に展開されるとともに，内容相互の関連を図るように工夫する。学級活動は，学校，生徒の実態および第3章道徳の第3の1(3)の道徳教育の重点などをふまえ，各学年において取り上げる指導内容の重点化を図るとともに，内容間の関連や統合を図ったり，他の内容を加えたりできる。また，生徒指導との関連を図る。学校行事は，学校や地域および生徒の実態に応じて，各種類に，行事およびその内容の重点化とともに，行事間の関連や統合を図るなど精選して実施する。また，実施には，幼児，高齢者，障害のある人々などとの触れ合い，自然体験や社会体験などの体験活動を充実するとともに，体験活動を通して振り返り，まとめ，発表し合うなどの活動を充実するよう工夫する。入学式や卒業式などには，その意義をふまえ，国旗を掲揚するとともに，国歌斉唱を指導する。

(2) 特別活動の各内容の「全体計画」と留意事項について

　学級活動指導計画には，「学校として作成する年間指導計画，各学級ごとの年間指導計画，及び1単位時間の指導計画などがある」。そこで，「学校として作成する年間指導計画」である年度ごとの「学級活動の全体計画」と各学級担任が計画的に指導する上で必要な「年間指導計画」について考える。

① 全体計画の内容：学級活動全体の内容は，「特別活動全体の指導の基本方針と重要目標」「学校としての学級活動の指導方針や重点目標」「学級と各教科，道徳，総合的学習の時間との関連」「学級活動の各学年ごとの指導の重点目標」「各学年ごとの年間指導計画」である。

② 全体計画作成上の留意点：ア 学校の教育目標の達成を目指した特別活動全体の指導の基本方針及び重点目標と学級活動全体の指導方針や重点目標との関連を十分に図る，イ 学級活動の活動内容として示されている事項の取り扱いに留意し，(2)［生徒指導，教育相談・家庭との密な関係］及び(3)［ガイダンス機能を充実した学級活動］の活動内容に全体の3分の2程度の授業時数が配当されるようにする。

③ 生徒の心身の発達段階や特性および，生活の実態などに応じて，題材の

配列を工夫するとともに，弾力的な取り扱いができるようにする，ウ 生徒の自主的，実践的な態度の育成や自発的，自治的な活動が十分に助長されるよう創意工夫する，エ 学級活動のねらいが達成できるよう，授業時数を確保にする。

④ 全体計画作成の手管：組織的な活動として実施される場合があるので，時には各項目の内容が同時に実施される。ア 特別活動全体の指導方針や重点目標との関連を図った学級活動全体の指導方針や重点目標を設定する（特別活動部会・職員会議）。イ 各教科や道徳や総合的な学習の時間，特別活動のほかの内容との関連を明らかにする（特別活動部会）。ウ 学級活動の各学年の重点目標を設定する（特別活動部会・学年会）。エ 学級活動の授業時間数に基づき，学級活動の活動内容や生徒の実態を考え，年間の題材一覧表を作成する（特別活動部会・学年会）。オ 各学年の年間指導計画作成（特別活動部会・学年会）。カ 学級活動全体計画の作成決定（特別活動部会・職員会議）。

## 2 学級活動，児童会・生徒会活動の「年間指導計画」と配慮事項

(1) 学級活動の「年間指導計画」（各学級担任が作成するもの）と配慮事項

① 年間指導計画の内容：ア 学級活動の当該学年の指導目標，イ 学級の年間の重点目標，ウ 年間を通しての題材の配列（月別に配列される題材一覧），エ 各題材に配当する時数，オ 活動内容（学習指導要領に示されている(1)(2)(3)のどれに主として，また，副次的に該当するか明示したもの），カ 指導のねらい，キ 生徒の主な活動内容例。

② 年間指導計画作成上の留意点：ア 学級の生徒の実態や生活上の課題をできるだけ明確に把握する。イ 学年の指導の重点目標や年間指導計画に基づいた上で学級の実態に即したものである。ウ 題材の弾力的な取り扱いや指導ができる年間指導計画である。エ 学級活動の活動内容の(1)(2)(3)及び活

動内容例のすべてが取り扱われるように，十分に留意する。オ 授業時数を確保する。カ 評価が効果的に行われる。
③ 年間指導計画作成の順序：ア 学級の実態を把握し，学年の指導の重点との関連をはかり，学級としての指導方針や重点目標を設定する。イ 活動内容に応じた題材を選択し，年間に配列する。

## （2）児童会・生徒会活動の「年間指導計画」と配慮事項

　生徒会活動指導は，指導内容の特質に応じ，教師の適切な指導の下，内容の自然的，自治的活動の効果的展開を可能にさせ，内容相互の関連を図る，また，よりよい生活作りのため集団の意見を整えるなどの話合い活動，自分たちの決まり作成遵守活動，人間関係形成力養成活動など充実する工夫をする。

　児童会・生徒会活動は，年間を通して調和するものが重要で，ア 代表委員会は，月に1回程度実施される，イ 各種委員会の活動は常時行われる活動であるが，活動の中の連絡調整や月の活動計画を立てるため，毎月1単位時間程度を用意する。ウ 児童会集会活動の1単位時間程度の集会は，学期に1〜2回程度もち，10分〜20分程度の集会の工夫も必要である，ことを配慮する必要がある。

　発達段階に即した指導内容の明確化：児童会は全児童の活動である。指導計画は児童の発達段階に応じ立案し，下級生には各委員会活動の意義や役割などを理解させ，運営参加高学年生は参加活動意義や運営方法などの指導を計画させる。

## 3　学校行事の年間指導計画と配慮事項

### （1）中学校の生徒会活動「年間指導計画」と配慮事項

生徒会活動指導計画には，全体計画と各委員会年間指導計画などがある。
　(1) 生徒会活動の全体計画と配慮事項に関して
① 生徒会活動の全体計画内容

ア 生徒会活動に対する「指導の基本方針」，イ 生徒会役員会や各種委員会等を担当する教師の「指導組織」，ウ 当該年度の生徒会活動の「運営の基本方針」，エ 生徒総会，生徒評議会，生徒会役員会，各種委員会などにかかわる「生徒会活動の組織と運営」，オ 活動を実施する上で必要な「活動の場所と時間」，カ 活動費の活用にかかわる「予算の決定と執行」，キ 活動の全体にかかわる「年間指導計画」。

② 全体計画作成上の留意点

ア 学校の教育目標達成を目指し，特別活動の全体指導計画との関連を明確にする，イ 他の教育活動や特別活動の他の内容との関連を十分に図る，ウ 生徒による活動計画の作成など，自発的，自治的な活動が助長される指導計画である，エ 生徒が自主的に活動できる範囲を明確にし，あらかじめ生徒に周知させておく，オ 地域や他校との連携も十分に配慮する。

③ 全体計画の作成経過

ア 全体計画作成のための組織をつくり役割分担や日程を明確にする，イ 全体計画に必要な内容項目を明確にする，ウ 全体計画を作成し決定する。

④ 各種委員会等の「年間指導計画」

　各種委員会等の活動は，生徒会活動の全体計画に基づいて作成する年間指導計画によって実施される。

ア 年間指導計画の内容：指導の方針，ねらい，主な活動内容，指導・援助の留意点，評価の観点。

イ 作成上の留意点：生徒が作成する活動計画との関連を図り，生徒の自発的，自治的な活動が十分に援助，助長されるような弾力性をもつ計画である。○生徒の創意工夫に基づく多様な活動が行われるようにする。○特別活動の他の内容や生徒会活動全体との関連を十分に図り，生徒にとって活力のある活動が行われるようにする。○評価の資料に役立てるとともに，自治的な態度が育成されるよう，生徒による評価が自主的に行われる。

⑤ 作成の手順

ア 生徒会活動全体の指導計画との関連を図り，指導方針やねらいなどを明確

にする。イ 年間の活動内容を明確にする。

## (2) 小学校の「クラブ活動」の「年間指導計画」

　クラブ活動運営は児童の自発的, 自治的な活動を通して協力して行われることが重要である。教師はその活動に適切な指導と援助を行う。それは, 毎週の時程表上の教育課程内学習活動であるから, その意義や特質の理解の上で, 指導計画作成が大切である。クラブ活動指導計画作成上必要な事項：ア クラブ活動指導のねらいの明確化, イ 児童の発達段階に即する, ウ 学校や地域の実態に応じる, エ 各クラブの活動経験を生かして作成する, オ 指導計画は, 全校教師協力にて作成される, カ 他の教育活動との関連を図る, など。

### ① クラブ活動の指導計画

　クラブ活動指導計画には, クラブ活動全体の計画と各クラブの個別計画（各クラブの教師による年間指導計画）の2通りある。

### ② クラブ活動の全体計画と各クラブの年間指導計画

　クラブ活動の全体計画の項目と内容：クラブ活動のねらい, 種類と活動内容, 組織（＿＿年生以上, 通年制, クラブ正副部長および人数など）, 授業時数（毎週＿＿曜日, ＿＿校時＿＿分間, 年間総時数＿＿時間, 経費（校費またはその他, 校費はクラブ活動予算による）, 年間の主な活動（活動計画, 部長会, 3年生のクラブ見学, 発表会等）, 指導上の留意点（児童の希望を取り入れるなど）。

〈クラブ活動の全体計画の例〉

| | |
|---|---|
| クラブ活動のねらい | 一人ひとりの児童が, 自己の生活を豊かなものにする意図の下に, 同好の児童が共通の興味や関心を追求する。 |
| クラブ組織 | 参加児童は4年生以上の全員とする。 |
| 活動の内容 | 共通の興味と関心を追求する活動・計画, 運営に関する活動 |

〈クラブごとの年間指導計画の作成と指導計画例〉

　クラブの年間指導計画は，教師が自分の担当するクラブについて，児童の活動希望をもとに，指導目標にせまる活動をどのように指導するかを明示する。
　　・クラブ活動の内容は，児童の希望を可能な限り受け入れる。
　　・児童の自発的，自治的な活動を育てることを見通す。
　　・指導計画は，弾力性，融通性にとみ，画一的，固定的でない。
　　・指導計画を児童と一緒に立て，具体的に活動できる。

| 学期 | 月 | 時間 | 活動計画（予定） | 備考 |
| --- | --- | --- | --- | --- |
| 一学期 | 4 | 3 | ○部長，副部長選出，組織及びグループづくり<br>○年間活動計画の作成<br>○舞台劇の台本の選定 | 組織表<br>自作，既作 |

(3) 学校行事の「全体計画」と「年間指導計画」と配慮事項
【小学校】学校行事の全体計画と「年間指導計画」と配慮事項
　学校行事の特質を生かし指導の充実を図るために，教師の共通理解とともに関係機関や保護者の協力を得て，学校行事全体計画を作成する。
　(1) 学校行事における指導計画の作成の要件と配慮事項
　学校ごとに，学校行事の目標達成にふさわしい行事を，5種類の行事に関して精選し，授業時数を配当するなど，以下の事項に配慮し適切な計画立案をする必要がある。ア 児童の発達段階に即する，イ 児童の自主性を尊重する，ウ 学校の教育目標との関連を重視する，エ 学校の実態に応じる，オ 地域社会の実態や特性を考慮する，カ 他の教育活動との組織的な関連を図る。
　(2) 学校行事の全体計画にもとづく年間指導計画，個別指導計画の形態や様式：学校行事の指導計画の形態や様式は，さまざまである。個別の行事指導計画に必要な事項：ア 個々の行事のねらい，イ 行事の日時・場所，ウ 実施の方法・日程，エ 参加学年，オ 実施時間（単位時数）など。

第6章　指導計画の作成と内容の取扱いと配慮事項

〈学校行事の年間指導計画の例　第5学年〉

| 月 | 配当時間 | 儀式的行事 | 文化的行事 | 健康安全・体育的行事 | 遠足・集団宿泊的行事 | 勤労生産・奉仕的行事 |
|---|---|---|---|---|---|---|
| 4 | 16 | 始業式 1<br>離任式 1<br>就任式 1<br>朝会 1 | 身体測定 1<br>健康診断 1<br>防火訓練 1 | 歓迎遠足 5 | | |
| 5 | 2 | 朝会 1 | 交通安全訓練 1 | | | |
| 6 | 4 | 朝会 1 | 音楽鑑賞会 2 | | | 校内美化 2 |
| 7 | 3 | 朝会 1<br>終業式 1 | | | | 大掃除 1<br>姫路城美化 1 |
| | | | | | | |
| 9 | 4 | 始業式 1<br>朝会 1 | | 水泳記録大会 2 | | |
| 10 | 5 | 朝会 1 | | 体育大会 4 | | |

〈個別の年間指導計画の例〉

| 行事名 | 春の歓迎遠足（全学年児童） |
|---|---|
| ねらい | ○自然と異学年の触れ合いと連帯感の育成<br>○自主性，公共性の育成 |
| 日時場所 | 2008年4月21日（月）雨天決行<br>姫路市書写山円教寺 |
| 時　数 | ○事前指導（学級活動）1時間　歓迎遠足1日<br>○事後指導（学級活動）1時間 |
| 引率者<br>・分掌 | ○引率責任者　学校長<br>○総指揮○○教諭　遠足計画案作成，交通機関への申し込み<br>（体育主任）校外指揮届作成，指揮，反省会，関係書類保管<br>○準備・連絡　○○教諭　しおり作成，事前準備，連絡，処理 |

　児童の自発的，自治的な活動は，問題解決過程において営まれる。これは教師の側からは指導過程であり，児童の立場からは活動過程である。学級活動はその過程の核となる。この過程を「事前過程」「1単位時間の過程」「事後の過程」にわけ，各特質と指導のあり方を明確にする必要がある。

○「事前過程」

| | 指導過程 | 活動のねらい・内容 | 指導・援助の留意点 |
|---|---|---|---|
| 事前の指導 | ○学級生活や個人生活上の問題発見<br>○題材の指導に基づく問題の活動テーマ（話題・協議題。議題）<br>○児童の計画委員会による活動計画の作成 | ○計画委員会の活動開始<br>○問題に気づく<br>○問題収集，整理，選択<br>○活動テーマ（話題・協議題）提案確認・必要性の意識化・共通化<br>○活動テーマ（話題・協議題。議題）の決定と掲示<br>・日時，場所の決定・順序，内容の検討<br>・結論の方向の予想・司会，記録の役割分担<br>○実態調査などの実施<br>○原案，資料の作成 | ○問題への関心や発見の力や態度を育てる。<br>○問題発見の視点を発見させるようにする。<br>○自発的，自治的活動を体験的に指導する。<br>○低学年は全員で選定する。<br>○低学年は「お世話係」として活動させる。<br>○児童の自主的活動を積極的に配慮する。<br>○事前調査などを自主的に実施できるようにする。 |

○「1単位時間の過程」

| 段階 | 活動過程 | 活動のねらい・内容 | 指導・援助の留意点 |
|---|---|---|---|
| 活動の開始 | ○問題の意識化，共通化 | ○生活の問題に気づく。<br>○共通の問題意識をもつ。 | ○学級や学級生活の問題を意識化，共通化させる。 |
| 活動の展開 | ○問題の原因や理由の追究把握 | ○学級や個人生活の問題が起こる原因や理由を追究する。<br>○問題解決の方法や対処の仕方について検討する。 | ○相手の立場に立って共感的に聞く話す態度を育てるようにする。<br>○多様な解決方法や対処の仕方を提案させる。 |
| 活動の展開 | ○問題解決や対処方法の追求把握 | ○問題の解決方法や対処の仕方を決定する。<br>・自分の実践方法や生き方を自己決定する。<br>・自己決定の内容を発表する。 | ○多様な解決方法の長所・短所を検討のうえ，自己決定をさせる。<br>○集団の意思表示は自己決定を尊重する立場で行わせる。 |
| 活動のまとめ | ○実践の意欲化 | ○自分や学級の実践目標とする。<br>○必要に応じて役割を分担・実践する。 | ○個性を生かす方向で，実践への意欲化を図る。 |

○「事後の過程」

　事後指導の中心は，指導の個別化を図り，必要に応じて教育相談を通じて個別指導を行うなど，事後の過程は定着を図る実践と，その成果を学級生活の充実や向上と，児童一人ひとりの健全な生活態度の育成に返す過程である。

| | 指導過程 | 活動のねらい・内容 | 指導・援助の留意点 |
|---|---|---|---|
| 事後の指導 | ○自己や集団の決定に基づく実践の指導<br>○役割活動による実践とその指導<br>○協力的活動による成就感の体得<br>○自主的な評価活動の実践 | ○自己決定や集団全体による意思決定に基づき，自主的に行動する。<br>○役割活動を通して実践する。<br>○必要に応じて活動の目当てや方法を修正する。<br>○実践を学級生活の充実や，一人ひとりの生活の向上に返していく。<br>○活動の成果や問題点について，児童自身の手によって自己評価や相互評価を行い反省する。 | ○まとめられた結論を，集団の一員として，責任をもって実践するようにする。<br>○指導の個性を図り，児童が自己の個性を生かし，友達と協力して実践できるようにする。<br>○目当てや方法を修正しながら，最後まで根気強く実践するよう意欲付ける。<br>○協力して成し遂げたことの成就感を味わわせる。<br>○自己評価や相互評価などが自主的に実施できるようにする。 |

（4）【中学校】指導案作成に関して

　ここで，指導案作成に関して整理してみよう。

①【中学校】指導案の形式〈学級活動の形式〉について

題材　（題材名を書く）

1　題材設定の理由　（この題材のもつ意味を中心に理由を記述する。）
2　指導のねらい　　（指導するねらいの要点をわかりやすく書く。）
3　指導の過程　　　（授業前後の指導を含め，指導の流れを記述する。）
　(1)　事前の指導と生徒の活動
　(2)　本時の活動テーマ（生徒によって設定されたものを記述する。）
　(3)　本時のねらい　（本時の指導についてのねらいの要点を記述する。）
　(4)　本時の展開

|  | 活動のねらい・内容 | 指導・援助の留意点 | 資料等 |
| --- | --- | --- | --- |
| 活動の開始 | ○司会者を中心に，活動のねらいや内容について話し合う事項を記述する。 | ○主体的に問題を把握し活動意欲を高める上で必要な事項を記述する。 | ○活動に必要な資料等を記述する。 |
| 活動の展開 | ○話し合いのテーマに基づいてどのように活動を展開するか，その内容・方法等を記述する。 | ○問題解決的，探求的な学習活動が展開されるように，必要な指導・援助の留意点などを記述する。 | ○活動に必要な資料・調査結果等を記述する。 |
| 活動のまとめ | ○決定事項の確認や，個人としての実践上の課題を明確にするなどの活動について記述する。 | ○個人や集団の自主的，自発的な活動を助長する上で，必要な指導・援助の留意点などを記述する。 | ○活動のまとめに必要な資料・調査結果等を記述する。 |

(5) 事後の指導と生徒の活動

4　評価の観点　教師および生徒，それぞれの立場からの観点を記述する。

5　資料　学習活動を充実，発展させる上で必要な資料を記述する。

② 指導案の内容

「学級活動」：特別活動の内容によって，1単位時間の指導計画も異なるところがある。「この指導計画には，学級活動計画・運営委員会等で生徒が作成した活動計画を配慮した題材や，事前及び事後の活動も含めての1単位時間における生徒の活動の過程や形態等についての見通しが示されていることが大切である」(文部省「指導書」)。

学級活動指導案は，一般に，学習指導要領の活動内容の，(1) 学級や学校の生活づくり，(2) 適応と成長および健康安全，(3) 学業と進路，に共通するものである。：題材（題材名）・指導のねらい・指導の過程，〔1〕事前の指導と生徒の活動，〔2〕本時の活動テーマ，〔3〕本時のねらい，〔4〕本時の活動テーマ，〔5〕事後の指導と生徒の活動，〔6〕評価の観点・資料，が記載される。

(5)【高等学校】特別活動の全体計画・指導計画作成と内容の取扱いと配慮事項について

全体の指導計画は，特別活動目標の調和的，効果的達成のために各学校が作

成する。それには,全教師が指導するため,共通理解と協力体制が確立され,役割などを明確にし,重点目標を設定し,各活動・学校行事の内容を示すことが大切である。また,特別活動授業時数,校内組織(校内分掌)や学校行事等を明瞭にしておく必要がある。さらに,生徒実態の理解とともに,生徒の発達段階や特性等を活用し,教師の適切な指導の下に,生徒の自主的,実践的活動が十分にできる全体計画作成が求められる。

全体計画の内容は,重点目標,ホームルーム活動・生徒会活動・学校行事の目標,それらの全体的内容,特別活動授業時数や校内組織,ホームルーム活動授業時数,各教科・科目などとの関係,評価などである。ショート・ホームルーム,清掃や日直などの当番活動,部活動などを全体計画に明示することは重要である。この全体計画に基づき,年間のホームルーム活動・生徒会活動・学校行事ごとの目標,その内容や方法,指導過程,時間配分,評価などを示すのが「各活動・学校行事年間指導計画」である。

高等学校学習指導要領第5章第3の1(1)に,指導計画の作成と内容の取り扱いが示され,作成に「学校の創意工夫を生かすとともに,学校の実態や生徒の発達の段階および特性等を考慮し,生徒による自主的,実践的な活動が助長されるようにする。そこで,できる限り生徒自身による計画に基づく活動を生かし,生徒自ら進んで活動するように指導する必要がある」ことに配慮する。

望ましい集団活動のためには,生徒自ら活動計画を立て実践する配慮が必要である。その際,教師の適切な指導が実施されなければならない。また,各教科・科目や総合的な学習の時間など指導との関連を図り,家庭や地域の人々との連携,社会教育施設等の活用などを工夫する。その際,ボランティア活動などの社会奉仕の精神を養う体験的な活動や就職体験などの勤労にかかわる体験的な活動の機会をできる限り取り入れる。そのためには,地域や学校,生徒の実態等をふまえ,学校の基本的な指導計画を立て,それに即した創意ある計画を立てることが重要である。その取り組みには,弾力かつ柔軟な実施可能性が大切である。それゆえ,地域や学校の特色を生かした創意工夫のある指導計画の作成に配慮する。その創意工夫は,地域の特色,学校や生徒の実態,これま

での実施の経験や反省等を生かし，学校体制の確立と創意工夫に必要な時間が確保できる全教師の協力が必要である。

　生徒指導機能の十分な活用と，教育相談（進路相談含む）についても，家庭連絡を密にし，適切な実施を可能にする。指導計画作成は，生徒の興味・関心，能力・適性等に関する十分な生徒理解に基づいて，各学校の重点目標，指導の内容，活動の方法などを明確化することが重要である。各教科・科目等で育成した能力が特別活動で十分に活用できるようになるとともに，特別活動で培われた協力的で実践的な態度や能力が各教科・科目等の学習に生かされるようにすること，また，特別活動の体験活動と学習活動との関連がある場合には，相互に関連させ展開することが大切である。体験活動は全教育活動のなかで配慮される必要がある，それにより，それぞれのねらいが一層生かされ，特色ある教育活動づくりが推進される。独自の全体計画作成のために，学校の実態を十分に考慮し，重点目標を定め，それぞれの役割を明確にする必要がある。また，進路相談は，計画的，継続的な実施によって，実施される必要がある。教育相談の適切な計画作成のためには，ア 平素から，個々の生徒の理解に必要かつ適切な資料を豊富にする，イ 全教師による協力的な取り組みにより全生徒を対象とし，すべての生徒の協力・適性等を最大限に発揮できるよう努める，ウ 生徒の直接の相談だけにとどめず，家庭との連携を密にし，生徒，教師，保護者の三者による相談のような形態も大切にする，エ ホームルーム担任の定期相談だけでなく，学校全体で相談活動が随時行われるように学校の相談体制の確立を図る，ことに留意することが大切である。

　特別活動の指導，生徒指導とも，究極的に一人一人の望ましい人格形成が目的なので，ホームルーム活動等の経験内容を生徒各自身が身につけるには集団・個別指導が必要とされる。学習指導要領第5章第3の1の(2)には，ガイダンス機能充実のためにホームルーム活動等の指導の工夫に言及されている。これは，生徒指導や進路指導に関連して，生徒のよりよい適応や成長，進路等の選択にかかわる，集団場面を中心とする指導・援助であり，生徒一人一人の可能性を最大限に開発しようとするものである。ホームルーム活動・生徒会活

動・学校行事の関連を図ってガイダンスの機能充実を図ることが大切である。(3)学校生活への適応や人間関係の形成，教科・科目や進路の選択などの指導には，ガイダンス機能充実（ホームルーム活動等）について指導を工夫する。(4)ホームルーム活動中心に特別活動全体を通じて，特に，社会で自立して生きることが可能になるため，社会の一員としての自己の生き方を探求するなど，人間としての在り方・生き方の指導ができるようにする。その際，他の教科，特に，公民科や総合的な学習の時間との関係を図る必要がある。

　内容の取扱いの配慮について，(1)ホームルーム活動及び生徒会活動の指導は，指導内容の特質に応じ，教諭の適切な指導の下に，生徒の自発的，自治的な活動が効果的に展開されるとともに，内容相互の関連を図る工夫をする，また，よりよい生活を築くために話合い活動や自分たちできまりを定め守る活動，人間関係形成力を養う活動などを充実する工夫をする。(2)ホームルーム活動・生徒会活動は，学校や地域および生徒の実態に応じ，指導内容の重点化とともに，在学中を見通して，必要に応じ内容間の関連や統合を図り，他の内容を加えることができる。またホームルーム活動は，個々の生徒の理解を深め，生徒との信頼関係を基礎に指導を行い，生徒指導との関連を図る。(3)学校行事は，学校や地域および生徒の実態に応じて，各種類に，行事およびその内容を重点化するとともに，在学期間を見通して，行事間の関連や統合を図るなど精選し実施する，また，実施には，幼児，高齢者，障害者などとの触れ合い，自然体験や社会体験など体験活動を充実するとともに，その体験活動を振り返り，整理，発表し合うなど充実する工夫をする。(4)特別活動の一環で給食を実施する際，食育の観点から適切な指導を行う。

　入学・卒業式などは，その意義をふまえ，国旗掲揚また国歌斉唱を指導する。
　ホームルーム活動は，主としてホームルーム担任教師が指導することを原則とし，活動の内容によって他の教師などの協力を得る。
　学習指導要領第1章総則第4に，ホームルーム活動授業時数は原則として年間35単位時間以上，生徒会活動・学校行事は，学校実態に応じ，それぞれ適切な授業時間を充てる。それをふまえ，各目標・ねらい達成可能性を検討し，年

間,学期ごと,月ごとに適切な授業時数を充て全体計画を作成する。

**参考文献**

文部科学省(2008)「小学校学習指導要領」。

文部科学省(2008)『小学校学習指導要領解説　特別活動編』(平成20年8月)東洋館出版社。

文部科学省(2008)「中学校学習指導要領」。

文部科学省(2008)『中学校学習指導要領解説　特別活動編』(平成20年9月)ぎょうせい。

文部科学省(2008)「高等学校学習指導要領」。

文部科学省(2010)『高等学校学習指導要領解説　特別活動編』(平成21年12月)海文堂出版。

(上寺常和)

第 7 章

# 特別活動の評価

　本章では，評価とは何か，評価にはどのような働きがあるのか（評価の意義と機能）を考察するとともに，特別活動での評価の在り方を具体的な事例をもとに紹介する。現行学習指導要領のもとでの評価については，ここに示された目標の実現状況と照らしながら，児童生徒一人一人の資質や能力をより確かに育む指導に努めると共に，教師の学習指導の改善につなげる必要がある。すなわち，これが，「指導と評価の一体化」を目指す評価であり，「目標に準拠した評価」と呼ばれる所以でもある。
　各学校におけるこのような指導と評価の進め方については，地域や児童生徒の実態をもとに，創意工夫を生かしていくことが求められている。本章では，学力の3つの観点をふまえた指導計画や評価規準を各学校が定める際の基本的な考えを示しながら，具体的な指導や評価の方法を考察する。

## 1　評価の意義と機能

### (1) 評価の意義

　「評価」に関連して，「教育評価」という言葉がよく使われる。この「教育評価」には，児童生徒の学習状況を見取る「学習評価」のほかに，学校経営の状況や教育課程等の適性等を判断する「学校評価」（自己評価，関係者評価，第三者評価の3種類がある）をはじめ，児童生徒が教師の授業の進め方を評価する「授業評価」も含めて，かなり広い意味で使われることが多いため，本章では，「評価」を「学習評価」の意味で使うことにしたい。

では，評価（学習評価）とは，一体，何であろうか。中央教育審議会の教育課程部会報告（『児童生徒の学習評価の在り方について』2010年3月，部会報告）の言葉を借りるなら，学習評価は，「学校における教育活動に関し，子どもたちの学習状況」を見取り，「学習指導要領の示す目標に照らしてその実現状況を見る活動」ということもできよう。言い換えれば，評価とは，指導目標をもとに児童生徒の学習状況を検証して，その実現状況を判断する活動であるともいえる。しかし，そうであるなら，評価は学力や学習到達状況の測定のことだと思われてしまいそうであるが，これは評価の一方法に過ぎない。児童生徒の変容，成長，そして，自己実現を目指す教師の意図的なかかわりを教育の根本と考えれば，テストでの測定と，その得点に基づいた基準で評定するだけの評価は，教育の本質に反するものというべきであろう。なぜなら，ここには，評価を評定と同視する誤解があるからである。

（2）評価の機能

　では，評価には，どのような機能が考えられるのだろうか。言い換えれば，評価は，なぜ行われ，評価には，どのような役割があるのであろうか。

　まず，評価には，各学校における個々の教師の授業改善に加え，学校全体の教育活動を見直す役割があると考えられる。これが評価の「授業改善的機能」とも言えるものである。なぜなら，学習指導自体が目標達成活動である以上，その実現状況は指導の質にかかわり，指導方法の改善に結びつくからである。したがって，学習評価を「学習指導の改善や学校における教育課程全体の改善に向けた取組と効果的に結び付け，学習指導に係るPDCAサイクルの中で適切に実施されること」（2010年3月，部会報告）が重要となるのである。

　次に，評価には，児童生徒一人一人に目を向け，その長所や可能性，学習の進歩の様子などの多様な側面を教師が把握し，児童生徒の学習意欲を喚起しながら，豊かな自己実現に導く役割があると考えられる。これが評価の「自己実現的機能」とも言えるものである。つまり，児童生徒が獲得した知識の量的側面のみを重視し，これを他者と比較しながら判断するような評価ではなく，む

しろ，児童生徒の成長に目を向け，自ら学び自ら考える自己教育力を培い，その長所や可能性，学習の進歩の様子などの多様な側面を教師が把握し指導につなげるような評価が求められているのである。これこそ，教育の本質に通じる評価のあるべき姿といえよう。

　最後に，評価には，指導の結果としての学習成果を説明する機能があると考えられる。これが，評価の「結果説明的機能」とも言えるものである。すなわち，指導結果としての学習達成状況を，教師は保護者に，学校は地域の人々に示す必要がある。なぜなら，児童生徒の学習状況や習得した能力のさらなる向上に向け，保護者や地域の人々の協力を得る必要があるからである。つまり，評価は，保護者や地域の人々に対する説明責任を果たすものでなければならない。中央教育審議会答申でも，「学校や教師は指導の説明責任だけではなく，指導の結果責任も問われている」（2008年1月，中央教育審議会答申）としており，説明責任を当然の前提としている点に留意すべきである。

## 2　特別活動における評価の在り方

### (1) 特別活動の各過程における評価の在り方

　特別活動の評価については，『学習指導要領解説特別活動編』で，「指導計画の作成，計画に基づく活動，活動後の反省という一連の過程のそれぞれの段階で評価する必要がある」ことが記されている。

　この「一連の過程」における評価は，以下の3つが考えられる。

① 「事前の評価」（＝診断的評価）

　学年の始まりや活動・行事の前には，あらかじめ児童生徒の実態を調べるための事前の評価が必要である。児童生徒がそれぞれの活動についてどの程度の経験をもっているのか，また，前年度にどのような成果と課題があったのか，あるいは，その活動・行事についての興味や関心の度合いはどうかなど，学級や学年の状況や個人の資質・能力などを評価し，把握しておくことは，これか

ら進めていく活動を計画する上で欠かせないものである。児童生徒の実態を把握するとともに，学校の施設・設備面や人的資源，家庭・地域などからの支援などの「リソース」点検も，広義の意味での「事前の評価」といえるだろう。

　こうした一連の評価が，実り多い活動の計画を現実のものとするとともに，児童生徒のモチベーションを高め，活動の構えを作るのである。

② 「活動中の評価」（＝形成的評価）
　活動中には，その都度，活動の進展状況を把握し，活動の改善に生かすための評価が必要である。この活動中の評価によって，新たな課題が見つかったり，軌道修正の必要が認められた場合には，速やかに補充的な指導や支援を行うことが大切である。児童生徒が進行中の活動に対して，後ろ向きになったり，倦むことなくさらなる充実・向上をめざしたりして，主体的に活動に参加していくためには，活動の「過程」そのものを重視しながら，常にその活動の改善につなげる評価が必要である。この活動中の学習形成を図る評価こそが，まさに「形成的評価」と呼ばれる所以である。

③ 「事後の評価」（＝総括的評価）
　活動終了後にその成果を検証するために評価を行うのが「総括的評価」である。児童生徒が自己の活動を自ら振り返り，新たな目標や課題をもつことで，次の活動への「意欲」につながるまとめをするという意義がある。
　したがって，この事後の評価には，
　ⅰ）次の活動の「診断的評価」に生かす。
　ⅱ）次の活動の意欲を高める「形成的評価」という意味も含んでいる。
　この総括的評価には，ある一つの活動や行事の終わりに行うといった短い期間の評価と，学期末や学年末といった比較的長い期間の評価とがある。
　特別活動の評価において，最も大切なことは，児童生徒一人一人のよさや可能性を積極的に認めるようにするとともに，自ら学び自ら考える力や，自ら律しつつ他人とともに協調できる豊かな人間性や社会性など生きる力を育成する

第7章　特別活動の評価

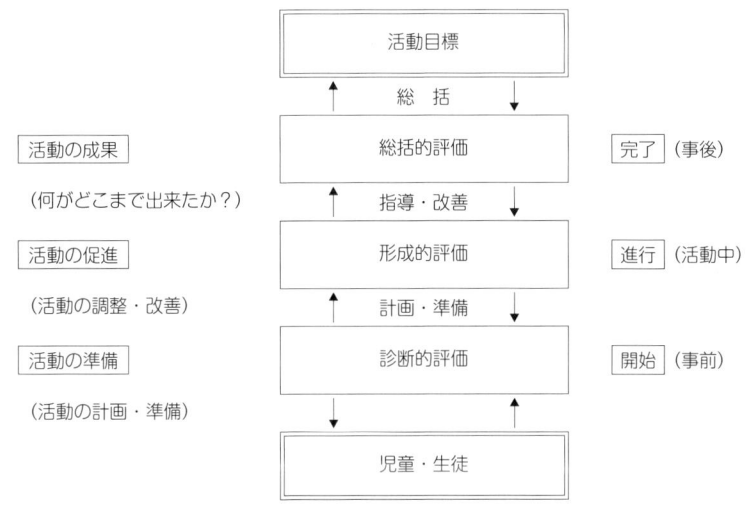

```
                    ┌──────────────┐
                    │   活動目標    │
                    └──────────────┘
                         ↑    ↓
                         総　括
  ┌活動の成果┐      ┌──────────────┐
                    │  総括的評価   │      ┌完了┐（事後）
  （何がどこまで出来たか？）
                         ↑    ↓
                         指導・改善
  ┌活動の促進┐      ┌──────────────┐
                    │  形成的評価   │      ┌進行┐（活動中）
  （活動の調整・改善）
                         ↑    ↓
                         計画・準備
  ┌活動の準備┐      ┌──────────────┐
                    │  診断的評価   │      ┌開始┐（事前）
  （活動の計画・準備）
                         ↑    ↓
                    ┌──────────────┐
                    │   児童・生徒  │
                    └──────────────┘
```

図7-1　特別活動における評価

という視点から評価を進めていくということを忘れてはならない。

### （2）特別活動における評価の基本的な考え方

　これまで，特別活動では，ややもすると「どんな活動をするか？」ということが重視されがちで，「なぜ，その活動が子どもたちに必要なのか？」「この活動で，子どもたちにどんな力をつけさせたいのか？」といった「評価」にかかわることは，あまり問題にされてこなかった。

　「特別活動の充実は，学校生活の満足度や楽しさと深くかかわっているが，他方，それらが子ども達の資質や能力の育成に十分つながっていないのではないか」（2008年1月，中央教育審議会答申）という指摘が，しばしばなされてきたのも，そのためである。

　学習指導要領の改訂（2008年）では，特別活動を通して育てたい力を一層明確にするために，全体の目標に「人間関係」を加えるとともに，各活動・学校行事を通して育てたい態度や能力も，新たに目標として示されることとなった。

　また，特別活動の評価については，初等中等教育局長通知（2010年5月）に

表7-1 初等中等教育局長通知で例示された「評価の観点及びその趣旨」

| 集団活動や生活への関心・意欲・態度 | 集団（や社会）の一員としての思考・判断・実践* | 集団活動や生活についての知識・理解 |
|---|---|---|
| 学級や学校の集団や自己の生活に関心をもち，望ましい人間関係を築きながら，積極的に集団活動や自己の生活の充実と向上に取り組もうとする。 | 集団（や社会）の一員としての役割を自覚し，望ましい人間関係を築きながら，集団活動や自己の生活の充実と向上について考え，判断し，自己を生かして実践している。<br>（　）は中学校 | 集団活動の意義，よりよい生活を築くために集団として意見をまとめる話合い活動の仕方，自己の健全な生活の在り方などについて理解している。 |

(注) ＊特別活動では教師による観察法による評価が中心になるため，「思考・判断・表現・技能」について，分けて評価することが難しいため，「表現・技能」については「実践」として例示されている。

おいて示された例示（表7-1）を参考に，各学校において評価の観点を定め，各活動・学校行事ごとに評価することになった（この例示では，小中学校の指導の一貫性に配慮して，観点およびその趣旨が示されている）。

　これは，各学校において，評価の観点を定める過程において，「特別活動でどんな子どもたちを育成するのか？」を検討し，教職員の共通理解を図りながら，明確なねらいをもって指導を展開し，育てるべき力を確実に育てていく必要があることを意味している。したがって，各学校においては，特別活動全体に係る観点と趣旨を明確に示すとともに，例示を参考に，3つの観点を各学校の実態に合わせて作成するのである。

(3) 特別活動の内容のまとまりごとの評価に盛り込むべき事項

　「評価規準」は，評価の観点の趣旨に照らして，どのような児童生徒の姿が「十分満足できる状況」等であるかを示すものである。各学校において定めた評価の観点に沿って，内容のまとまりごと*にこの評価規準を作成することになる。

　　＊この「内容のまとまり」とは，小学校においては，学級活動(1)(2)の低・中・高学年別，児童会活動，クラブ活動の各活動と学校行事を示している。また，中学校においては，学級活動(1)(2)(3)，生徒会活動の各活動と学校行事を示している。

第7章 特別活動の評価

表7-2 学級活動(1)「学級や学校の生活づくり」の評価規準に盛り込むべき事項

| | 集団活動や生活への関心・意欲・態度 | 集団の一員としての思考・判断・実践 | 集団活動や生活についての知識・理解 |
|---|---|---|---|
| 1・2年 | 学級の身の回りの問題に関心をもち、他の児童と協力して進んで集団活動に取り組もうとしている。 | 学級生活を楽しくするための話し合い、自己の役割や集団としてのよりよい方法などについて考え判断し、仲良く助け合って実践している。 | みんなで学級生活を楽しくすることの大切さや、学級集団としての意見をまとめる話合い活動の基本的な進め方などについて理解している。 |
| 3・4年 | 学級の生活上の問題に関心をもち、他の児童と協力して意欲的に集団活動に取り組もうとしている。 | 楽しい学級生活をつくるために話し合い、自己の役割や集団としてのよりよい方法などについて考え、判断し、協力し合って実践している。 | みんなで楽しい学級生活をつくることの大切さや、学級集団としての意見をまとめる話合い活動の計画的な進め方などについて理解している。 |
| 5・6年 | 学級や学校の生活の充実と向上にかかわる問題に関心をもち、他の児童と協力して自主的に集団活動に取り組もうとしている。 | 楽しく豊かな学級や学校の生活をつくるために話し合い、自己の役割や責任、集団としてのよりよい方法などについて考え、判断し、信頼し支え合って実践している。 | みんなで楽しく豊かな学級や学校の生活をつくることの意義や、学級集団としての意見をまとめる話合い活動の効率的な進め方などについて理解している。 |

　ここでは、国立教育政策研究所が示した【評価規準に盛り込むべき事項】の中から、小学校の学級活動(1)を例として示す。
　各学校で内容のまとまりごとの評価規準を作成する際には、以下の2点が重要である。
　　① 各学校で定めた評価の観点をふまえて作成する。
　　② 各学年の発達の段階を考慮して作成する。
　たとえば、表7-2に示した【学級活動(1)】の「集団の一員としての思考・判断・実践」の場合には、文末が、「仲良く助け合って実践している」（1・2学年）、「協力し合って実践している」（3・4学年）、「信頼し支え合って実践している」（5・6学年）と発達の段階を考慮して示されている。

（4）評価の手順
　特別活動では、全校または学年を単位として行う活動があり、学級担任以外の教師が指導することも多いので、評価に当たっては、評価体制を確立し、学

表7-3　特別活動における評価の手順

① 評価実施のための責任と役割の分担を明確にする。
② 特別活動全体及び各活動・学校行事ごとの指導と評価の計画を作成する。
③ 計画に基づいて，評価のための基礎資料を収集する。
④ 児童生徒一人一人のよさや可能性を生かし伸ばす視点から，好ましい情報や資料は，随時，当該児童に伝えたり，学級で紹介したりする。
⑤ 収集した資料を各学校で定めた所定の手続きに従って総合的に判断し，評価を行う。
⑥ 評価結果を，各学校における指導や評価体制の改善に生かす。

（出所）　文部科学省『評価規準の作成，評価方法等の工夫改善のための参考資料』2011年。

校全体で組織的に取り組む必要がある。また，「**目標に準拠した評価**」（＝児童生徒一人一人の資質や能力をより確かに育むようにするため，目標に照らしてその実現状況を見る評価）と「**指導と評価の一体化**」（＝児童生徒一人一人の進歩の状況や目標の実現状況を的確に把握し，より効果的な指導が行えるような工夫や改善を行っていくこと）が大切である。

　各学校においては，特別活動の特質をふまえ，表7-3のような評価の手順を参考にして，適切に評価を進めることが必要である。

## （5）特別活動における評価を進める上での留意点

　特別活動においては，学級活動(1)，(2)のように「学級を単位」とした活動もあるが，クラブ活動のように「学年や学級の所属を離れ」て活動するものや，学校行事のように「全校または学年を単位」として活動するもの，児童会（生徒会）活動のように「全校の全児童（生徒）をもって組織」する活動があり，その指導や評価は，学級担任のみで行えるものではない。むしろ担任以外の教師が指導する場面が多い点に，その特色があるといえよう。したがって，評価にあたっては，校長の監督のもと特別活動担当者を中心とした特別活動部会が，教務部と連携しながら校内の評価体制を確立し，学校全体で組織的に取り組む等，適切に評価を進める必要がある。その際，次の点に留意したい。

　① 評価体制の確立
　② 評価計画の作成
　③ 児童（生徒）のよさの評価

④ 評価方法の工夫

① 評価体制の確立
次の点に留意しながら,多くの教師による評価の結果を反映させたい。
　i　複数教師による評価が学級担任の手元で収集活用されるようにする。
　ii　年間を通してより多くの教師の目で,児童生徒の変容,人間関係の深まり,個性の伸長等の情報が共有され,指導に活かせるようにする。
　iii　特に,同学年の教師間での情報交換を密にする。

② 評価計画の作成
　各学校では,学級活動,児童会(生徒会)活動,クラブ活動(小学校のみ)および学校行事について,指導と評価を適切に位置づけた計画を作成し,それぞれの特質をふまえた評価を大切にしたい。その際,計画には,①目標,②評価の観点,③活動内容,④活動時期,⑤活動場所,⑥指導上の留意点等を記入するが,具体例として表7-4に小学校の〈指導計画表1〉を示している。また,このなかの4【活動形態別評価規準】をもとに,小学校中学年の話合い活動の部分を取り出して詳しくしたものが,〈指導計画表2〉である。このような活動形態(計画,話合い,実践)別の評価規準を参考にされたい。

表7-4　年間指導（評価）計画　【学級活動】

**指導計画表1**

1　目標　学級活動を通して，望ましい人間関係を形成し，集団の一員として学級や学校におけるよりよい生活づくりに参画し，諸問題を解決しようとする自主的，実践的な……（略）

2　内容
［1・2年］　学級を単位として，仲良く助け合い学級生活を楽しくするとともに，日常の生活や学習に進んで取り組もうとする態度の育成に資する活動を行うこと。
［3・4年］　学級を単位として，協力し合って楽しい学級生活をつくるとともに，日常の生活や学習に意欲的に取り組もうとする態度の育成に資する活動を行うこと。
［5・6年］　学級を単位として，信頼し支え合って楽しく豊かな学級や学校の生活をつくるとともに，日常の生活や学習に自主的に取り組もうとする態度の向上に資する活動を行うこと。
［共通事項］（1）学級や学校の生活づくり　ア　学級や学校における生活上の諸問題の解決　イ　学級内の組織づくりや仕事の分担処理　ウ　学校における多様な集団の生活の向上
（2）日常の生活や学習への適応及び健康安全　ア　希望や目標をもって生きる態度の形成　イ　基本的な生活習慣の形成　ウ　望ましい人間関係の…（略）

3　評価規準
（1）学級活動(1)【第1学年及び第2学年】

| 集団活動や生活への関心・意欲・態度 | 集団の一員としての思考・判断・実践 | 集団活動や生活についての知識・理解 |
|---|---|---|
| 学級の身の回りの問題に関心をもち，他の児童と協力して進んで集団活動に取り組もうとしている。 | 学級生活を楽しくするために話し合い，自己の役割や集団としてのよりよい方法などについて考え，判断し，仲良く助け合って実践している。 | みんなで学級生活を楽しくすることの大切さや，学級集団としての意見をまとめる話合い活動の基本的な進め方などについて理解している。 |

…以下，【第3学年及び第4学年】，【第5学年及び第6学年】の評価規準…（略）
（2）学級活動(2)「日常の生活や学習への適応及び健康安全」［第1学年及び第2学年］の評価規準
…以下，【第3学年及び第4学年】，【第5学年及び第6学年】の評価規準…（略）

4　【活動形態別評価規準】

| 活動形態 | 学年 | 指導のねらい | 活動形態別の評価規準 | | |
|---|---|---|---|---|---|
| | | | 集団活動や生活への関心・意欲・態度 | 集団の一員としての思考・判断・実践 | 集団活動や生活についての知識理解 |
| 話合い活動 | 計画 低学年 | ○教師の助けを得ながら話合い活動の準備ができるようにする。 | ・学級生活に関心をもち，話合いの準備に進んで取り組もうとしている。 | ・議題について自分の考えをもち，話合いの順序など簡単な計画について考え準備している。 | ・話合い活動の準備の仕方や基本的な進め方を理解している。 |
| | 中学年 | ○計画委員会の進行を分担して行い話合い活動の準備ができるようにする。○学級活動ノート… | ・学級生活の充実や向上に関心を持ち，計画委員会の活動や話合いの準備などに，意欲的に取り組もうとしている。 | ・議題について自分の考えをもち，計画委員会の運営や話合いの］活動計画について考え，準備している。 | ・計画委員会の役割や話合い活動の準備の仕方など，計画的な進め方を理解している。 |

第7章　特別活動の評価

| | | | | |
|---|---|---|---|---|
| | 高学年 | ○計画委員会を開いて活動計画を作成し、話合いの準備ができるようにする… | ・学級や学校の充実と向上に関心を持ち、計画委員会の活動や話合いの準備などに… | ・議題についての自分の考えを持ち効率的な計画委員会の運営や話合いの活動計画について… | ・計画委員会の役割や話合い活動の準備の仕方など、効率的な進め方を理解している。 |

**指導計画表2**

| 予想される議題例 | 指導上の留意点 | 活動形態別の評価規準 |
|---|---|---|
| | | 《話合い活動》 |
| ○なかよし集会をしよう<br>○学級の係りを決めよう<br>○「学級歌」をつくろう<br>○みんなで遊ぶ日のやくそくをつくろう<br>○レク集会を計画しよう<br>○雨の日の遊び方を考えよう<br>○スポーツ集会をしよう<br>○仲よし学級の2年生と仲よくなろう<br>○楽しいバスのレクリエーションを考えよう。<br>○学級ボールの使い方のやくそくを決めよう<br>○交流会の計画をしよう<br>○係活動発表会をしよう<br>○クラスの係を工夫しよう<br>○そうじの仕方を工夫しよう | 計画　○計画委員会を中心に適切な議題を自分たちで選択する。<br>○計画委員会で話し合う事柄や順序などについて話し合うことができるようにする。 | 【関心・意欲・態度】<br>・学級生活の充実と向上に関心をもち、計画委員会の活動や話合いの準備などに、意欲的に取り組もうとしている。<br>【思考・判断・実践】<br>・議題について自分の考えをもち、計画委員会の運営や話合いの活動計画について考え、準備している。<br>【知識・理解】<br>・計画委員会の役割や話合い活動の準備の仕方等、計画的な進め方を理解している。 |
| | 話合い　○事前に考えてきたことについて理由を明確にして話すようにする。<br>○異なる意見にも耳を傾け、公平に判断したり、折り合いをつけたりして集団決定ができるようにする。 | 【関心・意欲・態度】<br>・司会や記録の仕事、話合いに意欲的に取り組もうとしている。<br>【思考・判断・実践】<br>・よりよい学級の生活づくりに向けて考え、判断し、まとめようと話し合っている。<br>【知識・理解】<br>・計画委員会の仕事内容や計画的な話合いの進め方を理解している。 |
| | 実践　○自分の考えと異なる意見に決まっても、気持ちよく協力することの大切さについて実践を通して理解できるよう配慮する。 | 【関心・意欲・態度】<br>・決定したことについて、意欲的に準備や計画に取り組もうとしている。<br>【思考・判断・実践】<br>・決定したことや自他の役割を考え、協力し合って実践している。<br>【知識・理解】<br>・決定したことについて、みんなで計画的に実践することの必要性や方向性について理解している。 |
| | | 《係活動》 |
| | 計画　○さまざまな活動を整理統合して、児童の創意工夫が生かせるような係活動を組織する。<br>○当番活動とは区別して所属できるようにする。 | 【関心・意欲・態度】<br>・自分たちが学級のためにできる活動を見つけ、意欲的に取り組もうとしている。<br>【思考・判断・実践】<br>・学級生活の向上に役立つ活動を考え、協力し実践している。<br>【知識・理解】<br>・当番活動との違いなど、係活動の役割や活動の仕方について理解している。 |

*111*

次に，１単位時間の指導計画では，議題，児童の実態，議題選定の理由，事前の活動（本時に至るまでの活動の流れ），本時のねらい，本時の展開，指導上の留意点，使用する教材・資料，事後の活動などが考えられる。

③ 児童生徒のよさの評価
　評価は，児童生徒の変容，成長，そして，豊かな自己実現を図り，生きる力を培うものでなければならない。したがって，児童生徒の改善すべき点を中心に見取るような批正的評価ではなく，その努力や意欲を積極的に認めたり，児童生徒のよさを多面的・総合的に評価したりすることが大切である。また，活動の結果のみにとらわれることなく，活動の過程に目を向け，成長や努力，自主性，集団の変容等を見取る姿勢が大切となる。したがって，指導要録や家庭への通知表には，評価の観点に照らして，十分に満足できる活動の状況にある場合に○印を付けるなどの配慮が必要である。

④ 評価方法の工夫
　特別活動の評価は，集団での活動を通して得られる学びを見取るものであるため，児童生徒自身が自分の活動を見つめなおし，自己の課題を知り，次の活動の目標を見出す過程を重視したい。したがって，教師による観察に加え，児童生徒自身による自己評価やグループ内で行う相互評価などの工夫も大切にしたい。
　また，学級活動では，１単位時間に，設定した観点のすべてについて評価をする必要はない。事前や事後の活動や指導を含めて評価するようにする。

## 3　指導と評価の実際──小学校の事例：「友だち集会を計画しよう」

（１）事例の概要
　特別活動における指導と評価の実際として，第３学年の学級活動(1)「友だち集会を計画しよう。」の事例を取り上げる。

学級活動(1)は,「学級や学校のよりよい生活づくり」のため,校内でのいろいろな問題の解決を図ったり（諸問題の解決）,学級の組織や仕事を決めて実行したり（学級の組織運営）,学校生活の質を高めたりする活動（集団生活の向上）であり,①「話合い活動」,②「係り活動」,③「集会活動」の形態がある。これらは,ともに児童の自発的,自治的な活動を特質としているが,本事例は,年度当初の第3学年の子どもたちが,人間関係をさらに豊かにするため「友だち集会」実施のための「話合い活動」に関するものである。

## (2) 評価計画

学級活動(1)に関する「指導と評価の計画」は,活動形態別（話合い活動・係活動・集会活動）に適切な指導の下で行われるよう,学校として評価規準を設定しておくことが考えられる。たとえば,「友だち集会を計画しよう。」の事例では,①計画（話合い活動の準備）,②話合い,③実践（係り分担,準備,友だち集会の実施）の3つの活動形態ごとに,ア.「関心・意欲・態度」,イ.「思考・判断・実践」,ウ.「知識・理解」の評価規準が設定される。

具体的には,「①計画」では,学級内の各班代表（全員に経験させたい）で組織された「計画委員会」で,学級会の議題の選定,話合いの順序や司会・記録などの分担を決める必要があるが,このような活動に応じた評価規準が考えられる。また,「②話合い」では,実際の話合い（学級会）活動での評価規準が,さらに「③実践」では,学級会で決まったことを実践する活動として,協力して「友だち集会」の準備活動を行ったり,実際にこの集会を行ったりする際の評価規準が設定される。その際,①,②,③ごとに,ア,イ,ウのすべての評価を行うのではなく,重点化させた評価を行う（表7-5参照）。

たとえば,「①計画」ではウ（知識・理解）を,「②話合い」ではイ（思考・判断・実践）を,「③実践」ではア（関心・意欲・態度）を見取ると決めて,活動形態別の評価規準で評価を行うというものである。

表7-5　活動形態別の評価規準の例
第3学年の学級活動(1)「友だち集会を計画しよう」

| 集団活動や生活への関心・意欲・態度 | 集団（や社会）の一員としての思考・判断・実践 | 集団活動や生活についての知識・理解 |
|---|---|---|
| 決定したことについて，意欲的に準備や計画に取り組もうとしている。 | より良い学級の生活づくりに向けて考え，判断し，まとめようと話し合っている。 | 計画委員会の役割や話合い活動の準備の仕方など，計画的な進め方を理解している。 |
| 「③実践」で評価 | 「②話合い」で評価 | 「①計画」で評価 |

## （3）計画段階での指導と評価（事前）

「話合い活動」を計画する段階で児童が理解していることは，①友だち集会の日時・場所（例：7月4日（金），5校時，多目的ホール），②集会でのゲーム等の数（例：2〜3つ），③話合い活動の日時（例：6月20日（金）5校時）等である。これらは，教室内に設けられた「学級会コーナー」に掲示されていると考えられる。第3学年のこの時期の児童には，計画委員会の役割やそこで話し合われる内容，学級会の進め方，集会の準備活動などが，まだ十分に理解できているとは言い難い。そこで，計画委員に選出された児童にもそうでない児童にも，担任が作成した「計画委員会のすすめ方」，「学級活動ノート」（学級会ノート），「学級会のすすめ方」などのプリントをもとにその理解を図りたい。また，評価に際しては，児童の発言・行動の観察や学級活動ノート等の記述から見取ったり，「学級会のすすめ方・確かめシート」のような選択式の質問紙調査をもとに評価したりすることが考えられる。

## （4）話合い段階・実践段階での評価（本時や事後）

話合い活動の評価については，「学級活動ノート」（表7-6参照）を児童に配布し，ここに記述された児童の「意見」や「理由」，「話合いの振り返り」としての「自己評価欄」（よくできた・できた・もう少し，の3段階），話合い活動中の児童の発言などを参考にする。

実践段階の評価については，「友だち集会」の実施後，児童に「振り返りカード」を配布し，そこに記述された「感想」や「友だち集会の振り返り」とし

第7章　特別活動の評価

表7-6　話合い活動の評価方法例（学級活動ノートの活用）

| 学級活動ノート（第2回・学級会）6月20日（金）5時間目　（氏　　　名　　　） | | |
|---|---|---|
| 議　題 | 友だち集会を計画しよう。 | |
| 提案理由 | 夏休みにいっしょに遊べるように友だちをもっとふやしたいから。 | |
| 司会・きろく | 司会（1　　）（2　　）　　　きろく（1　　）（2　　）（3　　） | |
| 話し合うこと | 意見 | 理由 |
| ①どんなゲーム？ | フルーツバスケットがしたい | みんなで楽しめるゲームだから。 |
| ②新しい友だちを作る工夫 | 二人組になって友だちインタビューがしたい。 | インタビューをし合うと相手のことが分かって仲良くなれるから。 |
| 話合いを振り返りましょう | | |
| 自分の意見を進んで言えましたか | ・よくできた | ・できた　　・もう少し |
| 友だちの意見を考えながら，話を聞けましたか | ・よくできた | ・できた　　・もう少し |
| 決まったこと，自分がすることがわかりましたか | ・よくできた | ・できた　　・もう少し |
| 意見をまとめるための考えを発表できましたか | ・よくできた | ・できた　　・もう少し |
| （感想）ぼくは・・・・ | | |

ての「自己評価欄」（よくできた・できた・もう少し，の3段階）を参考にすることが考えられる。

## 4　指導と評価の実際——中学校の事例：「大切にしよう！　自分の心・身体」

### （1）事例の概要

　特別活動における指導と評価の実際として，中学校2学年の学級活動(2)キ「心身ともに健康で安全な生活態度や習慣の形成」における「喫煙・飲酒・薬物乱用防止教育」の一環として，「大切にしよう！　自分の心・身体」の事例を取り上げる。

　中学校の学級活動の(2)「適応と成長及び健康安全」には，思春期の不安や悩

表7-7　活動形態別の評価規準の例　学級活動
(2)「大切にしよう！　自分の心・身体」

| 集団活動や生活への関心・意欲・態度 | 集団（や社会）の一員としての思考・判断・実践 | 集団活動や生活についての知識・理解 |
|---|---|---|
| 健康について関心をもち，集団の一員として望ましい人間関係を築きながら，自主的・自律的に日々の生活を送ろうとしている。 | 自分の意見を根拠と共にしっかりと伝えるとともに，他の生徒の意見も受け止め，学び合いながら，よりよい解決方法などについて，考え，判断し，実践しようとしている。 | 喫煙・飲酒・薬物がもたらす悪影響について理解している。 |
| 「③事後のまとめ」で評価 | 「②本時の活動」で評価 | 「①事前の調べ学習」で評価 |

みの解決を図ったり，食育の観点から望ましい食習慣の形成を図ったりする活動等がある。これらの活動を通して，心身ともに健康で安全な生活態度や習慣を身につけさせるとともに，自己および他者の個性の理解と尊重，社会の一員としての自覚と責任を学ぶことが目的である。

「適応と成長及び健康安全」の推進は，思春期の中学生が，自らの「居場所」を確保し，人間関係をさらに豊かにするために必要な活動である。

今回取り上げる事例は，「成長期にある中学生が，自らの身体に喫煙・飲酒・薬物がもたらす害について理解するとともに，自他の健康に留意し，責任を持った行動ができるように自覚する」ことをねらいとして実施するものである。

### (2) 評価計画

今回の事例の「指導と評価の計画」は，それぞれの活動（①事前の調べ学習，②本時の活動，③事後のまとめ）ごとに，必要に応じて，ア.「関心・意欲・態度」，イ.「思考・判断・実践」，ウ.「知識・理解」の評価規準を設定し，「指導と評価の一体化」を図りながら，活動を進めていく。

その際，次のような活動形態別の評価規準（表7-7）で評価を行う。

## （3）計画段階での指導と評価（事前）

「①事前の調べ学習」では，学級内で組織された「企画委員会」で話し合い，各班が担当すべき調べ学習のテーマを決め，「喫煙，飲酒，薬物がもたらす悪影響」について，保健体育科の教科書や図書館の資料，インターネット等を活用して，各自が事前に調べておく。

企画委員会の際には，教師から，「事前の調べ学習で，何を，どのように，調べればよいのか？」を具体的に示すとともに，調べ学習の十分な時間を保障する必要がある。また，本時の学習の前に，一旦提出をさせ，どの程度の「知識・理解」が得られているのかを「診断的」に評価する必要もあるだろう。

（評価）（知識・理解）（表7-7参照）

## （4）実践段階での指導と評価（本時や事後）

本時では，全3時間の計画で以下のような手順で活動を行う。

### ①「喫煙・飲酒・薬物がもたらす悪影響」についての情報の整理（1時間）

本時の「ねらい」を黒板に掲示し，学級の全員が本時の学習活動を確認した後，各テーマに分かれて各自が調べてきたことを「付箋」に書き，模造紙に貼りつけていく。その際には，話合いをしながら同じ内容や同傾向のものをグルーピングし，まとめていく。自由な雰囲気のなかで，調べてきたことを発表し合いながら，全体での発表を意識させ，まとめさせる。その際，明らかな間違いや不備については，教師の方から正すようにする。

### ② 学級全体での情報の共有（1時間）

各班でまとめた「喫煙・飲酒・薬物乱用がもたらす悪影響」について発表会を行う。単に発表させるだけではなく，各班の発表後には，「質疑応答」を必ず行う。その際には，各班の「質問係」が，班を代表して質問または意見を発表する。また，各班の発表に対して，「良かった点・学べた点」を「赤い付箋」に，「改善すべき点・疑問点」を「青い付箋」に書かせ，交換させる。各班で

付箋を整理し，各自の感想と自己評価をまとめておく。

　　　　　　　　　　　（評価）（思考・判断・実践）（表7‐7参照）

③ ゲストティーチャーによる講話と今回の取り組みの感想と自己評価（１時間）

　関係機関からゲストティーチャー（補導センター所員や校医等）を招き，20分程度の講話を聞いた後（「喫煙・飲酒・薬物に関するビデオ視聴」でもよい），今回の取り組みについての感想と自己評価をワークシートに記入し，各班で交流し合い，まとめる。各班の代表者が発表し，全体で共有する。

　　　　　　　　　　　（評価）（関心・意欲・態度）（表7‐7参照）

**参考文献**
有村久春編（2010）『キーワードで学ぶ特別活動』
北村文夫編著（2011）『指導法　特別活動』玉川大学出版部。
梶田叡一（2007）『教育評価　第2補訂版』有斐閣双書。
杉田洋監修（2011）『特別活動で子どもが変わる！　新しい評価と指導のモデル集』小学館。
杉中康平（2005）「やる気を次につなげる三つの『振り返り』」『特別活動研究』No.464，明治図書。
渡部邦雄編著（2009）『実践的指導力をはぐくむ特別活動指導法』日本文教出版。
中央教育審議会「幼稚園，小学校，中学校，高等学校及び特別支援学校の学習指導要領等の改善について」平成20年1月17日答申。
文部科学省『小学校学習指導要領解説　特別活動編』（2008年8月）東洋出版社。
文部科学省『中学校学習指導要領解説　特別活動編』（2008年8月）ぎょうせい。
文部科学省『高等学校学習指導要領解説　特別活動編』（2009年12月）海文堂出版
中央教育審議会教育課程部会「児童生徒の学習評価の在り方について」平成22年3月24日。
報告2010年教育課程研究センター（2011）『評価規準の作成，評価方法等の工夫改善のための参考資料【小学校　特別活動】』（平成23年）。
教育課程研究センター（2011）『評価規準の作成，評価方法等の工夫改善のための参考資料【中学校　特別活動】』（平成23年）。

　　　　　　　　　　　　　　　　　　　　　　　　　（島田和幸）

第8章

# 特別活動の指導案の作成
## （1単位時間の指導計画）

　特別活動における指導案は，各教科等における学習指導案とは異なる。しかし，特別活動の全体計画や各活動・学校行事の年間指導計画をもとに，各学期，各月，各週の計画に即して，1単位時間（小学校45分間，中学校・高等学校50分間）の授業計画を立て，指導案を作成していくという点では変わりはない。その1単位時間の目標・目的，児童生徒の状況，活動内容，指導の流れ，留意すべき事柄や準備物等を，事前・事後の取り組みも含めて計画し作成するものである。作成に当たっては，特別活動が，集団の一員として，「なすことによって学ぶ」活動を通して，自主的，実践的な態度を身につける活動であることから，児童がこれまでどのような集団による実践的な活動をどれだけ経験してきているのか，学級や学校の諸問題を自分たちで解決する力がどの程度育ってきているのかを把握し，発達段階に即した指導のめやすをたて，子ども達の活動内容を指導案に明確に反映させることが肝要である。
　また，道徳的実践の指導の充実を図る観点から，特別活動の特質を十分にふまえた上で，道徳とのそれぞれの役割を明確にしつつ，連携を一層密にした指導が行われるよう計画することが求められる。

## 1　小学校における特別活動の指導案

　小学校において，特別活動については，望ましい集団活動を通して豊かな人間性や社会性を育成する実践活動であるという基本的な性格をふまえ，〔学級活動〕，〔児童会活動〕，〔クラブ活動〕，〔学校行事〕の4つの内容によって構成されている。

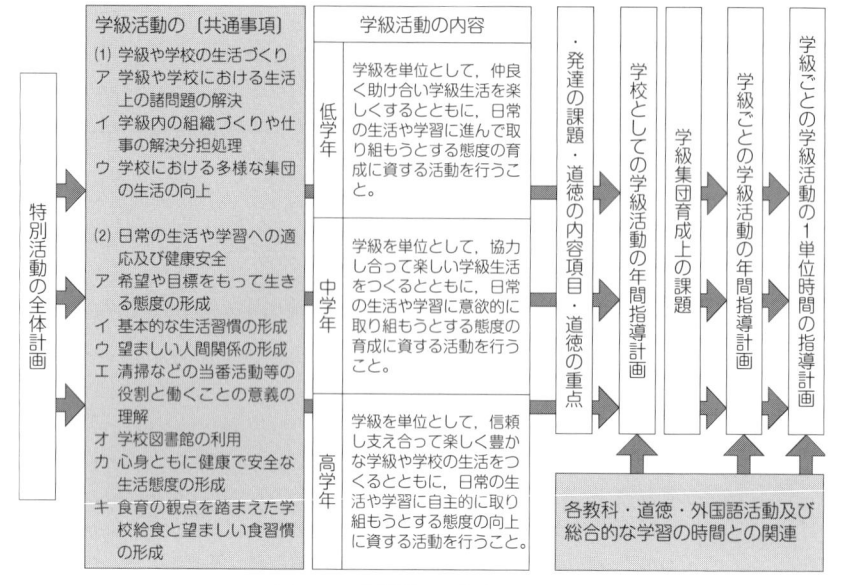

図8-1　指導計画を作成する手順
（出所）『小学校学習指導要領解説　特別活動編』41頁。

## （1）全体計画と〔学級活動〕における指導案

　特別活動の全体計画から指導案（1単位時間の指導計画）作成までの手順について，小学校学習指導要領解説では，〔学級活動〕を例に図8-1のように示している。

　さらに，図8-2のような一連の活動過程が考えられるが，このような事前・事後の活動も含めて1単位時間の指導計画を作成することにより，本時の活動の位置づけや見通しが明確になってくる。

　これらに加え，各活動・学校行事ごとに設定した評価規準に即して「めざす児童の姿」を記入することが考えられる。

第8章 特別活動の指導案の作成（1単位時間の指導計画）

「学級や学校の生活づくり」及び「日常生活や学習への適応及び健康安全」の内容の特質に応じた「話合い活動」の事前，事後等の一連の活動過程

| | 学級や学校の生活づくり | | 日常の生活や学習への適応及び健康安全 | |
|---|---|---|---|---|
| 事前の活動 | 課題の発見 ↓ 共同の問題（活動）の設定 ↓ 議題の決定 ↓ 計画の作成 ↓ 問題の意識化 | 教師の適切な指導の下に，児童が次の活動を行う。<br>①よりよい学級や学校の生活づくりにかかわる諸問題を見付け，提案をする。<br>②協力して達成したり，解決したりする共同の問題（活動）を決めて，問題意識を共有化する。<br>③目標を達成したり，問題を解決したりするために，全員で話し合うべき「議題」を決める。<br>④話合いの柱や順番など，話合い活動（学級会）の活動計画を作成する（教師は，指導計画）。<br>⑤話し合うことについて考えたり，情報を収集したりして，自分の考えをまとめるなど問題意識をもつ。 | 課題の確認 ↓ 共通の問題（活動）の設定 ↓ 題材の決定 ↓ 計画の作成 ↓ 問題の意識化 | 教師が意図的，計画的な指導構想の下に次のようなことを行う。<br>①年間指導計画において取り上げる題材についての学級の児童の問題の状況などを確認する。<br>②個々の児童が共通に解決すべき問題として授業で取り上げる内容を決めて，児童に伝え，問題意識を共有化させる。<br>③個々の児童が共通に解決すべき問題として「題材（名）」を決める。<br>④導入，展開，終末の指導計画を作成し事前調査をしたり，資料を作成したりする（発達段階に即して児童の自主的な活動を取り入れるようにする）。<br>⑤授業において取り上げる問題について自分の現状について考えたり，学級の現状を調べたりして問題意識をもつ。 |
| 本時の活動 | 話合い活動<br>集団討議による集団目標の集団決定<br>○協力してよりよい学級や学校の生活をつくるために集団として実践するための目標や方法，内容などを決める（提案理由の理解→意見の交換→多様な意見を生かしたよりよい集団決定をする）。 | | 話合い活動<br>集団思考を生かした個人目標の自己決定<br>○自分の問題の状況を理解し，個人として解決するための目標や方法，内容などを決める（問題の状況や原因の把握→解決や対処の仕方などについて共に考える→自分としての解決方法などを自己決定する）。 | |
| 事後の活動 | ○集団決定したことを基に，役割を分担し，全員で協力して，目標の実現を目指す。<br>○活動の成果について振り返り，評価をする。 | | ○自己決定したことを基に，個人として努力し，目標の実現を目指す。<br>○努力の成果について振り返り，評価をする。 | |

図8-2　一連の活動過程

（2）1単位時間の指導計画例（中学年）

以下は，第4学年の議題「なかよし集会をしよう」の1単位時間の指導計画例である。

第4学年○組学級活動指導案

○月○日（○）　第○校時
指導者　○○　○○

1　議題「なかよし集会をしよう」

　※よりよい学級にするための児童や教師の思いや願いを，議題や提案理由に反映することも考えられる。また，話合いのめあてを設定して，本時のねらいを明確にし，集団決定のよりどころとすることも考えられる。

2　議題について
（1）児童の実態
　・児童の学級生活における実態
　・これまでの学級活動の取り組み
　・中学年の評価規準からみた，話合い活動における課題や目指す方向
（2）議題選定の理由
　・議題選定の理由
　・評価とのかかわりについて（それまでの話合い活動の取り組み，本時の活動を見とる観点）

3　第3学年及び第4学年の学級活動(1)の評価規準

| 集団活動や生活への関心・意欲・態度 | 集団や社会の一員としての思考・判断・実践 | 集団活動や生活についての知識・理解 |
| --- | --- | --- |
| 学級の生活上の問題に関心をもち，他の児童と協力して意欲的に集団活動に取り組もうとしている。 | 楽しい学級生活をつくるために話し合い，自己の役割や集団としてよりよい方法などについて考え，判断し，協力し合って実践している。 | みんなで楽しい学級生活をつくることの大切さや，学級集団としての意見をまとめる話合い活動の計画的な進め方などについて理解している。 |

4　事前の活動
【計画委員会の活動】

| 日時 | 児童の活動 | 指導上の留意点 | 目指す児童の姿と評価方法 |
| --- | --- | --- | --- |
| ○月○日（○） | 話合いの計画を作成する | 議題や提案理由を基に，本時のねらいに合った話合いのめあてを立てることができるようにする | 【知識・理解】<br>・なかよし集会をひらくために話し合わなければならないことが分かり，活動計画に書いている。 |

第8章 特別活動の指導案の作成（1単位時間の指導計画）

| 日時 | 児童の活動 | 指導上の留意点 | 目指す児童の姿と評価方法 |
|---|---|---|---|
| ○月○日（○） | やりたいことについてアンケートをつくって，学級のみんなに書いてもらう。 | 今までの経験を想起させるとともに，計画委員会でいくつか案を出すことにより，集会のねらいに合った内容となるようにする | ・話合いの際に計画委員として気を付けることを活動計画に書いている。〈計画委員会活動計画〉 |
| ○月○日（○） | 結果を表にまとめて学級のみんなに知らせ，一人ひとつ，「なかよくなるために行うとよい」と思うものにシールを貼ってもらう。結果を集計し，学級活動コーナーに掲示する。 | 話し合うこと①の「集会でやりたいこと」については，アンケート結果を基に二つに絞り，学級に提案する。 | |

【学級全員の活動】

| 日時 | 児童の活動 | 指導上の留意点 | 目指す児童の姿と評価方法 |
|---|---|---|---|
| ○月○日（○） | アンケート結果を参考にしながら，自分の考えを学級活動ノートに記入する。 | 議題や提案理由，話合いのめあてについて共通理解を図った上で，アンケート結果を参考にして，記入する | 【関心・意欲・態度】・なかよし集会の目的に合った内容や工夫を，学級活動ノートに書いている。〈学級活動ノート〉 |

5　本時の展開

| | | 活動の内容 話合いの順序 | 指導上の留意点 | 目指す児童の姿と評価方法 |
|---|---|---|---|---|
| 活動の導入 10分 | 1<br>2<br>3<br>4<br>5<br>6 | はじめの言葉<br>歌<br>司会グループの自己紹介<br>議題の確認<br>提案理由の確認<br>決まっていることの確認 | ○大きな声で言えるように励まし，自信をもたせる。<br>○児童と一緒に元気に歌い，温かい雰囲気の中で，話合いが始められるようにする。<br>○司会グループの児童には，自分の役割についてのめあてを発表させ，役割意識を自覚させるようにする。<br>○4の「議題の確認」から6の「決まっていることの確認」の活動では，質問がないかを確認させる。<br>○提案理由について，改めて確認させ，しっかりと意識しながら話し合えるようにする。 | 評価規準を基に，学級の実態に応じて，「十分満足できる活動の状況」を的確に見取るため，具体的な児童の姿をいくつか想定しておくようにする。 |

| | | | |
|---|---|---|---|
| 活動の展開 25分 | 7　話合い<br>話し合うこと①<br>○どんなことをするか決めよう。<br>話し合うこと②<br>○もっと仲よくなるための工夫を決めよう。<br>話し合うこと③<br>○集会を楽しくする係を決めよう。 | ・事前に学級活動ノートに各自の考えを記入させておく。また，児童の案はあらかじめいくつかに整理して掲示させておき，提案理由の「誰もが楽しめる」を意識して話合いができるようにする<br>・意見を書いた短冊を動かして，内容ごとに分類・整理をするよう助言し，いろいろな視点から工夫を考えることができるようにする<br>・これまでの集会の経験を基に，必要な係については事前に短冊を用意しておき，楽しい集会にするために，今回新しくつくる係について話し合う | 【思考・判断・実践】<br>・学級がもっと仲良くなるための集会の内容や工夫について，学級活動ノートに自分の考えを書いたり，発言したりしている。<br>・友達の発言について，相手の思いを受け止めようという意識をもって聞いている。<br>・友達の意見を参考にして新たな意見や折衷案について発言している。 |
| 活動のまとめ 10分 | 8　決まったことの発表<br>9　話合いの振り返り<br>10　先生の話<br>11　おわりの言葉 | ・ノート記録の発表に不足がある場合は，助言する。<br>・話合いを通して，新たに気付いたことや友達のよかったところ等を学級活動ノートに記入するように助言する。その内容が提案理由に沿っているかについて，児童の感想等を通して見とるようにする | ・集会を楽しくするための工夫や係について，これまでの集会の経験を生かして，自分の考えを発表している。<br>〔観察〕〔学級活動カード〕 |

6　事後の活動

| 日時 | 児童の活動 | 指導上の留意点 | 目指す児童の姿と評価方法 |
|---|---|---|---|
| ○月○日<br>（○） | 集会を楽しくするために必要な係を決め，役割を分担する。 | ・計画委員は，決まったことを学級活動コーナーに掲示しておく。<br>・これまでの集会の経験を想起させて，全員で役割を分担し，協力して準備することができるようにする。<br>・意見が出されると予想される役割については，事前に短冊を作っておき，時間をかけずに決めるようにする。<br>（司会，はじめの言葉，おわりの言葉など） | 【関心・意欲・態度】<br>・なかよし集会の準備に進んで取り組もうとしている。<br>・自分の役割に進んで取り組もうとしている。<br>〈観察〉<br>【思考・判断・実践】<br>・集会の自分の役割を責任をもって行っている。<br>・友達と協力してなかよし集会の活動に取り組んでいる。<br>・集会後に，集会のめあてに関わる自分の感想や，友達のがんばっていたこと，新たなよさの発見について発表したり，振り返りカードに書いたりしている。<br>〈観察・振り返りカード〉 |
| ○月○日<br>（○） | 係ごとに，具体的な活動計画を立て，協力して準備を行う。<br>「なかよし集会」を行う。 | ・帰りの会等で進捗状況について確認し，互いの取り組みを認め合うことで，意欲の継続化を図る。<br>・集会のねらいを確認し，協力して実践できるようにする。 | |
| ○月○日<br>（○） | 「なかよし集会」の振り返りを行う。 | ・実践後に，めあてに基づいて振り返りを行い，互いのよさやがんばりに気付くことができるようにする。 | |

## (3) 1単位時間の指導計画例（高学年）

　学級活動(2)においては，児童に共通する問題を取り上げ，話合いを通してその原因の対処の方法などについて考えさせ，自己の問題の解決方法などについて自己決定させ，強い意志をもって粘り強く実践させるという一連の活動が大切になる。したがって，事前・本時・事後の一連の活動を通して指導することが大切である。

　以下は，第6学年の題材「自己のよさの伸長」における1単位時間の指導計画例である。学級活動(2)の高学年の評価規準に即して，事前の活動，本時の活動，事後の活動などにおいて「目指す児童の姿」を想定しておくことが求められる。

---

第6学年○組学級活動指導案

○月○日（○）　第○校時<br>指導者　○○　○○

1　題材「自己のよさの伸長」ア　希望や目標をもって生きる態度の形成

2　題材について
　(1)児童の実態（略）
　(2)題材設定の理由（略）

3　第5学年及び第6学年の評価規準

| 集団活動や生活への<br>関心・意欲・態度 | 集団や社会の一員としての<br>思考・判断・実践 | 集団活動や生活についての<br>知識・理解 |
|---|---|---|
| 自己の生活の充実と向上に関わる問題に関心をもち，自主的に日常の生活や学習に取り組もうとしている | 楽しく豊かな学級や学校の生活をつくるために，日常の生活や学習の課題について話し合い，自分に合ったよりよい解決方法などについて考え，判断し，実践している。 | 楽しく豊かな学級や学校の生活をつくることの大切さ，そのための健全な生活や自主的な学習の仕方などについて理解している。 |

4　本題材のねらい
　自分自身のよさについて再確認し，それを生かしながら，学級の友達と協力して生活していこうとする意欲を高める。

5 事前の指導

| 児童の活動 | 指導上の留意点 | 目指す児童の姿と評価方法 |
|---|---|---|
| ○「友達のよさみつけ」をする。 | ・隣の席の友達のよいところを「よさみつけカード」に書く。 | ・自分や友達にはどんなよさがあるのかについて真剣に考えたり、前向きに受け止めたり、積極的に伝えようとしたりしている。〈観察、カード〉 |

6 本時の展開

| | | 学習活動 | 指導上の留意点 | 資料等 | 目指す児童の姿と評価方法 |
|---|---|---|---|---|---|
| 導入5分 | 1 | 自他のよさについて振り返る。 | ・児童から見た学級担任のよさについて考えさせ、人間にはいろいろなよさがあることに気付くことができるようにする。 | よさみつけカード | このように下線を入れることも考えられる。この下線は、目指す児童の姿のうち、この活動において特に重点的に評価する部分を示している（事後の指導で評価する部分と区別する）。 |
| | 2 | 友達から見つけてもらった「自分のよさ」について確認する。 | ・隣の席の友達が「よさみつけカード」に書いてくれた自分のよさについてその理由などを聞いてみる。 | | |
| 展開25分 | 3 | 自分のよさについて見直す方法について知る。 | ・自分のよさをいろいろな見方で見直す方法について説明する。その方法によって、友達から見つけてもらったよさを各自で分類させる。・自分では気付かなかったよさがあることに目を向けることができるようにし、自分自身のもっているよさをいろいろな場面で生かしていくことの大切さについて説明する。・自分のよさを分類してみて感じたことなどを学習カードに書き、発表する。 | 分類表 学習カード | 【思考・判断・実践】・友達の意見を参考にしながら、自分自身のよさについて再確認し、そのよさをどう生かしていきたいか具体的なめあてを考え、進んで実践している。〔観察〕〔学習カード〕 |
| | 4 | お互いのよさを伸ばす方法について話し合う。 | ・お互いに意見を出し合う中で、自分自身のよさを伸ばすとともに、友達のよさにも目を向け、それをもっと生かしていこうという思いを高めるようにする。 | | |
| 終末15分 | 5 | 自分自身のよさを生かして、どんなことをがんばるかを決める。〈自己決定〉 | ・自分自身のこれまでを振り返り、自己決定の内容が、実践に向けてより具体的なものになっているか、グループで意見交換させ、確認するようにする。 | 学習カード | |

| | | | |
|---|---|---|---|
| | 6 友達とお互いにがんばることを伝え合う。<br>7 教師の話を聞く。 | ・友達に自分のめあてを発表し、それについてコメントをもらうようにすることで、これからの実践に向け、意欲を高めるようにする。 | | |

7 事後の指導

| 児童の活動 | 指導上の留意点 | 目指す児童の姿と評価方法 |
|---|---|---|
| ○ 自分の立てためあてや取り組みなどについて振り返る。<br>○ 友達同士で取り組みを確認し合う。 | ・事後に振り返る機会を設定し、実践化に向けて継続した取り組みになるように助言する<br>・帰りの会などを利用して、友達同士で取り組みを確認し合う場を設け、お互いのがんばりを認め励ましながら、実践の継続化を図るようにする | 【思考・判断・実践】<br>・友達の意見を参考にしながら、自分自身のよさについて再確認し、そのよさをどう生かしていきたいか具体的なめあてを考え、<u>進んで実践している</u><br>〈観察、カード〉 |

## 2 中学校における特別活動の指導案

中学校学習指導要領解説特別活動編には、学級活動の1単位時間の指導計画について「この指導計画には、生徒が作成した活動計画を配慮した題材や、事前及び事後の活動も含めての1単位時間における生徒の活動の過程や形態等についての見通しが示されていることが大切である」と示されている。したがってこのことを考慮して指導計画を作成することが求められる。

### (1) 中学校における1単位時間の指導計画例（学級活動(1)）

以下は、第2学年における題材「校内音楽会を成功させよう」の1単位時間の指導計画例である。

第２学年○組　学級活動指導案

平成○○年○月○日（○）　第○校時

指導者　　○○　○○

1　題材　「校内音楽会を成功させよう」
　　　　　内容　(1)ア　学級や学校における生活上の諸問題の解決

2　題材について
（1）生徒の実態
　　本学級は明るく素直な生徒が多い。授業中も発言が多く，みんなの前で積極的に自分の意見を言うことができる。しかし，互いを認め合い尊重し合う態度がまだ十分に身についていないため，相手の気持ちを考えずに自分の意見を押し通してしまい，話合いの場で相手の気持ちを傷つけてしまうこともある。これは，話合いを通して，他の生徒と協力し支え合いながら信頼関係を築く経験などが少なかったことなどが理由として考えられる。

> 本題材にかかわる学級の生徒の実態（よさや課題）などを示す。（学級活動(1)では，学級内の人間関係やこれまでの話合い活動等の状況を踏まえて，生徒の実態などを示す。）

（2）題材設定の理由
　　本題材「校内音楽会を成功させよう」は，生徒がこれまでに経験したことのある取り組みである。そこで，本活動では，その経験をふまえて，最高の合唱にするための方法に関する学級集団の合意形成に向け，互いの考えを生かし合いながら話合い活動を深めることにより，活動意欲を高め，さらに校内音楽会に向けて活動することを通して，学級生徒一人一人のよさを伸ばし，学級への所属感や連帯感を深めていきたいと考え，本題材を設定した。

> 生徒の実態を踏まえ，題材を設定した理由及び指導観などを示す。

3　指導のねらい
　　校内音楽会に向けた取り組みのなかで，学習集団を高めるための方法について合意を形成し，それに基づいた実践を通して，学級への所属感や連帯感を深める。

## 4　学級活動(1)の評価規準

| 集団活動や生活への関心・意欲・態度 | 集団や社会の一員としての思考・判断・実践 | 集団活動や生活についての知識・理解 |
|---|---|---|
| 学級や学校の生活の充実と向上に関わる問題に関心をもち，他の生徒と協力して，自主的，自律的に集団活動に取り組もうとしている。 | 学級や学校の一員としての自己の役割と責任を自覚し，他の生徒の意見を尊重しながら，集団におけるよりよい生活づくりなどについて考え，判断し，信頼し支え合って実践している。 | 充実した集団生活を築くことの意義や，学級や学校の生活づくりへの参画の仕方，学級集団として意見をまとめる話合い活動の仕方などについて理解している。 |

## 5　指導の過程

### （1）事前の指導と生徒の活動

| 日時 | 活動の内容 | 指導上の留意点 | 目指す生徒の姿と評価方法 |
|---|---|---|---|
| ○月○日（○） | ・学級生活の実態を把握するためのアンケート調査を行う。 | ・正確な調査を実施できるよう，必要に応じて補足説明を行う。 | 【関心・意欲・態度】<br>・学級生活における様々な問題に関心をもち，改善の必要性を感じている。<br>〔アンケート〕 |
| ○月○日（○） | ◇学級活動委員会<br>・アンケートの集計結果を基に課題を分析し，議題を決定する。<br>・提案理由を検討するとともに，話合いの柱を設定し，本時の活動計画を作成する。 | ・生徒の思いを聞きながら，本時の流れなどを検討し，活動の見通しをもたせる。 | 【関心・意欲・態度】<br>・話合い活動が深まるよう自主的，自律的に準備を進めようとしている。<br>〔観察〕 |
| ○月○日（○） | ・活動テーマ（議題）に対する自分の意見を，学級活動カードに記入する。 | ・発想のヒントになる活動例を紹介する。 | 【関心・意欲・態度】<br>・活動テーマ（議題）に関心をもち，自主的に自己の考えをまとめようとしている。<br>〔学級活動カード〕 |

### （2）本時の指導と生徒の活動

① 本時の活動テーマ　「最高の合唱にするための作戦（方法）を考えよう」

② 生徒の活動計画（略）

③ 本時のねらい

　　最高の合唱にするための方法に関する学級集団の合意形成に向け，互いの考えを生かし合いながら話合い活動を深めることを通して，校内音楽会に向けての活動意欲を高める。

④ 教師の指導計画

|  | 活動の内容 | 指導上の留意点 | 目指す生徒の姿と評価方法 |
|---|---|---|---|
| 活動の開始 5分 | 1 開会の言葉<br>2 学級活動委員の紹介<br>3 議題の発表・確認<br>4 提案理由の説明<br>5 教師の話 | ・学級活動委員会での検討の経緯について説明するよう助言する。<br>・アンケート結果や提案理由に関する補足をしながら，学級への所属感や連帯感が深められるような話合いになるよう助言する。 | 本時の中で評価を行う観点を，本時の活動テーマや本時のねらいをふまえて設定する。 |
| 活動の展開 40分 | 6 話合い<br>(1)校内音楽会の目標の実現のための方法について<br><br>(2)役割分担について | ・事前に「成功させるための方法」について意見をまとめさせておく。<br>・1年生の時の経験などを踏まえながら，様々な角度から考えるように助言する。<br>・提案理由をふまえて考えるよう助言する。 | 【思考・判断・実践】<br>・互いのよさを生かし合いながら，最高の合唱にするための具体策を考え，理由を示して意見を述べている。<br>〔観察〕〔学級活動カード〕 |
| 活動のまとめ 5分 | 7 決定事項の確認<br>8 自己評価・感想の記入<br><br>9 教師の話<br><br>10 閉会の言葉 | ・本時の話合い活動を通して気付いたことや考えたことなどを，学級活動カードに記入するよう助言する。<br>・話合いの流れを方向付けた発言や学級活動委員の活動などを称賛するとともに，実践に向けての意欲を高める。 | 目指す生徒の姿として，評価規準を基に，活動場面における「十分満足できる活動の状況」を，具体的な生徒の姿として示す。その際，いくつかに分けて示すことも考えられる。 |

（3）事後の指導と生徒の活動

| 日時 | 活動の内容 | 指導上の留意点 | 目指す生徒の姿と評価方法 |
|---|---|---|---|
| ○月<br>○日<br>(○)<br>〜<br>○日<br>(○) | ・話合い活動における決定事項に基づいて活動する。 | ・話合い活動での決定事項を実践しているかどうかを見届け，必要に応じて助言する。 | 【思考・判断・実践】<br>・目標の実現に向け，互いに信頼し支え合って決定事項を実践している。<br>〔観察〕 |
| ○月<br>○日<br>(○) | ◇校内音楽会<br>・これまでの話合い活動や放課後の活動の成果が実るよう，目標の実現に向けて歌う。 | ・これまでの取り組みを想起させ，生徒の活動意欲が高まるよう助言する。 |  |

| | | |
|---|---|---|
| ・これまでの取り組みや本日の校内音楽会を振り返り，互いのよさを称賛する。<br>・一連の活動を通して気付いたことや学んだことを振り返りカードにまとめるとともに，今後の学校生活の在り方を考える。 | ・生徒の活躍について，具体例を示して称賛する。<br>・成果と課題を具体的に記入するよう助言する。 | 【知識・理解】<br>・校内音楽会の成功に向けて学級で取り組むことの意義について理解している。<br>〔振り返りカード〕 |

## （２）中学校における１単位時間の指導計画例（生徒会活動）

　生徒会活動の計画は，生徒が作成する活動計画に十分配慮しながら，全教師の共通理解と協力の下，生徒が作成する活動計画の基となる計画として作成することが大切である。指導計画では，事前，本時，事後などの一連の活動過程において，一人一人のよさや可能性を積極的に評価できるようにするため，活動の場面ごとに重点的に評価を行う観点を定め，設定した評価規準に即して「十分満足できる活動の状況」を具体的な生徒の姿として示した「目指す生徒の姿」を明確にするなどして，全教師の共通理解と連携の下，育成したい態度や能力が一人一人の生徒に身につくよう組織的，計画的に取り組むことが求められる。

　以下は，地区別中学校総合体育大会壮行会の指導計画例である。

---

平成○○年度地区別中学校総合体育大会壮行会指導計画

1　活動名　　「地区別中学校総合体育大会壮行会」
　　　　内容　(2)異年齢集団による交流
　　　　　　　(3)生徒の諸活動についての連絡調整
2　活動の主体　生徒会役員会
3　ねらい
　○地区別中学校総合体育大会への参加に際して，学校の代表としての自覚をもたせるとともに，目標の達成に向けて，互いに協力しながら全力を尽くして取り組もうとする態度を育てる。
　○他の生徒の活動に対する関心を高め，学級や学年を超えた生徒相互の心の交流を図り，全校生徒の連帯感を深める。

4　場　　所　　体育館
5　時　　間　　8時〇分～8時〇分〔20分間〕
6　本時の係分担
　・司会（生徒会役員）　　・発表（各運動部）
　・応援演奏（吹奏楽部）　・マイク等放送設備（放送委員会）
7　生徒の活動と指導上の留意点

| | 活動の内容 | 指導上の留意点 | 目指す生徒の姿と評価方法 |
|---|---|---|---|
| 事前 | ◇生徒会役員・放送委員会<br>・司会進行等の役割分担や発表順などについて話し合う。<br>◇各学級<br>・目的や活動について知る。 | ・生徒会役員や放送委員の役割を明確にさせる。<br>・活動の意義を理解させる。 | 【関心・意欲・態度】<br>・壮行会に関心をもち，互いに協力しながら自主的，自律的に準備を進めようとしている。<br>〔観察〕 |
| 本時 | 開始　・開会の言葉（生徒会役員）<br>展開　・生徒会長の言葉<br>　　　・各運動部による目標や決意等の発表<br>　　　・運動部代表生徒による宣誓<br>　　　・吹奏楽部による応援演奏<br>　　　・全校生徒による校歌斉唱<br>　　　・校長先生の言葉<br>まとめ　・閉会の言葉（生徒会役員） | ・フロアーを使い，対面形式で行う。<br>・代表生徒は，それぞれの思いや決意が伝わるよう，マイクを使わず肉声で行う。 | 【思考・判断・実践】<br>・壮行会の意義をふまえ，全校生徒がそれぞれの立場を自覚し，全体の雰囲気を大切にしながら活動している。<br>〔観察〕〔振り返りカード〕 |
| 事後 | ◇生徒会役員会・広報委員会<br>・企画や運営について振り返り，改善点について考える。<br>・大会に向け学校全体の雰囲気を盛り上げる方法を検討する。<br>◇各学級<br>・活動内容や参加態度について振り返り，今後の参加態度等について考える。<br>・大会参加者を応援しようとする雰囲気づくりを行う。 | ・振り返りカードを活用し，準備や生徒朝会の様子を振り返り，それぞれの立場において今後の活動に生かしていくよう助言する。 | 【知識・理解】<br>・壮行会の意義や，生徒会の一員としての自己の役割について理解している。<br>〔振り返りカード〕<br>【思考・判断・実践】<br>・それぞれの立場で準備や壮行会を振り返り，活動の成果等について評価するとともに，大会に向けた取り組みを行っている。<br>〔観察〕 |

8　生徒の活動計画（略）

## 3　高等学校における特別活動の指導案

　1単位時間の指導計画は，一般的には，「ホームルーム活動指導案」と呼ばれるものであるが，この指導計画には，生徒が作成した活動計画を配慮した題材や，事前および事後の活動も含めての1単位時間における生徒の活動の過程や形態等についての見通しが示されていることが大切である。

　高等学校における特別活動の指導案（1単位時間の指導計画）については，基本的に前節の中学校の手順や様式に従って作成できる。

　また「人間としての在り方生き方」の指導という観点から，道徳などとの関連を考えた指導が求められる。

### （1）高等学校における1単位時間の指導計画例（ホームルーム活動(2)）

　次は，第1学年におけるホームルーム活動(2)の題材「情報社会における光と影（ネットショッピング）」の1単位時間の指導計画例である。

---

　　　　　　　　　第1学年○組　ホームルーム活動指導案

　　　　　　　　　　　　　　　　　平成○○年○月○日（○）　第○校時
　　　　　　　　　　　　　　　　　指導者　○○　○○

1　題材　「情報社会における光と影（ネットショッピング）」
　　　内容　(2)ウ　社会生活における役割の自覚と自己責任

2　題材について
（1）生徒の実態
　　情報社会の中で日常生活を送っているにもかかわらず，安易に個人情報を他人に伝えてしまったり，自分の情報発信が周りに与える影響やモラルを守ることに対して考えが及ばなかったりすることがある。そこで，情報化社会で被害を受けたり被害を与えたりすることのないように，情報リテラシーや情報モラルを身につけ，情報化社会を生き抜く力を育てていく必要があると考える。
（2）題材設定の理由

現在，インターネットにかかわる問題は頻発している。インターネットを活用する際，さまざまな有害情報や個人情報の流失，悪意をもった虚偽の広告や詐欺の情報，著作権の問題などが存在し，利用方法を誤れば，被害者や加害者になってしまうことがあることを認識しておく必要がある。そして，これらの問題の回避や解決には個々人の努力や注意が必要であるということを認識し，適切に利用できる実践力と態度を育てたいと考え設定した。

3　指導のねらい

　インターネットにおけるさまざまな問題点の存在を知り，望ましい活用の仕方について考え，情報社会の一員としての自覚をもち，適切で責任ある行動をとろうとする態度を育てる。

4　本単元の評価規準

| 関心・意欲・態度 | 思考・判断・実践 | 知識・理解 |
|---|---|---|
| 情報化の進展が生活に与えている影響などに関心をもち，望ましい利用の仕方と対処方法などについて，自ら進んで考えようとする。 | 情報化の進展に伴って生じてきた，インターネットの光と影についての問題意識をもち，正しい利用の仕方と対処方法について考え，適切に判断し行動する。 | 情報化の進展が我々の生活を豊かにしてきたことを理解するとともに，それに伴う「影」の部分について理解する。また，諸問題への対処方法について理解する。 |

5　指導の過程

（1）事前の指導と生徒の活動

| 日時 | 活動の内容 | 指導上の留意点 | 目指す生徒の姿と評価方法 |
|---|---|---|---|
| ○月○日（○） | ◇防犯教室「インターネットの落とし穴」<br>・警察署員の講話を聞く。 | ・事例を基に，インターネット上のトラブルを身近な問題として捉えさせる。<br>・ホームルーム活動で関連する題材を取り上げることを予告しておく。 | |
| | ・防犯教室終了後，次の題材に関する説明を聞く。<br>・防犯教室の感想を書く。 | ・これまでの経験を振り返りながら感想をまとめるように助言する。 | 【関心・意欲・態度】<br>・情報社会に関心をもち，インターネット上のトラブルを身近な問題として受け止めている。<br>〔ホームルーム活動カード〕 |

第8章　特別活動の指導案の作成（1単位時間の指導計画）

（2）本時の指導と生徒の活動
　①　本時の活動のテーマ
　　「ネットショッピング　～様々なトラブルに巻き込まれないためのよりよい対処法を考えよう～」
　②　本時のねらい
　　ネットショッピングに関する問題への対処法について事例を基に考えることを通して，情報社会で適正な活動を行うための基本的な考え方を理解させるとともに，情報社会の一員として適切で責任をもった行動をしようとする態度を育てる。
　③　本時の展開

|  | 活動の内容 | 指導上の留意点 | 資料等 | 目指す生徒の姿と評価方法 |
|---|---|---|---|---|
| 活動の開始5分 | 1　防犯教室の感想を発表する。<br><br>2　本時の活動の流れについて説明を聞く。 | ・「ネットワークは便利だけれど怖さも感じる」という感想などを基に，生徒にとって比較的身近なものとなってきているインターネットショッピングに関するトラブルに注目させる。<br>・事例を示すとともに，本時の活動の流れを説明する。<br><br>〈本時の活動の流れ〉<br>　1．事例内容の確認<br>　2．自分が考えた対処法の記入<br>　3．意見交換<br>　4．○組ベストアンサーの決定 | ホームルーム活動カード |  |
| 活動の展開35分 | 3　事例ごとに対処法を考える。 | ・対処法について，自分の考えをホームルーム活動カードに記入させる。<br>・グループで各事例の問題点や対処法について話し合い，最も望ましいと考えた対処法を，グループごとに模造紙に書かせる。<br><br>【事例】<br>①　インターネットショッピングってどうするの？<br>②　オーダーフォームへの個人情報の入力の危険性。<br>③　返品方法について。<br>④　違法な商品が販売されていた。 | ホームルーム活動カード |  |

135

| | | | | |
|---|---|---|---|---|
| | 4 対処法としての○組ベストアンサーを選考する。 | ・グループでまとめた対処法をそれぞれ発表し，意見を述べ合う。<br>・話合いをふまえ，「○組ベストアンサー」を決定する。 | | 【思考・判断・実践】<br>・責任ある対処の仕方について考え，理由を示して自己の意見を述べている。<br>〔観察〕〔ホームルーム活動カード〕<br>【知識・理解】<br>・情報社会の光と影を理解し，適正な活動を行うための基本的な考え方を理解している。<br>〔観察〕〔学級活動カード〕 |
| 活動のまとめ10分 | 5 インターネットショッピング利用に当たっての自分の考えをまとめる。<br><br>6 教師の話を聞く。 | ・インターネットショッピング利用に当たっての留意事項について，ホームルーム活動カードに自分の考えを記入する。なお，インターネットショッピングを利用していない生徒は，将来利用する状況を想定して記入する。<br>・防犯教室の講話に触れながら情報社会の一員としての在り方について具体例を交えて話合いを行い，実践への意欲を高める。 | 学級活動カード | 【関心・意欲・態度】<br>・情報社会の一員として，適切で責任ある行動をとろうとしている。<br>〔ホームルーム活動カード〕 |

（3）事後の指導と生徒の活動

| 日時 | 活動の内容 | 指導上の留意点 | 目指す生徒の姿と評価方法 |
|---|---|---|---|
| ○月<br>○日<br>（○） | ・インターネットショッピング利用時の留意事項について，自分で決めたことの実践状況や家庭で話し合ったことを報告し合う。 | ・一定期間経過後，実践状況や家庭での話合いの状況について振り返る場を設ける。<br>・グループ内で，互いのよい点を認め合うことを通して，実践への意欲を高める。 | 【思考・判断・実践】<br>・情報社会の一員としての自覚をもち，適正な行動の仕方について考え，実践している。<br>〔観察〕 |

## 4　R-PDCAとサブ・カリキュラム

　特別活動における指導案は，1単位時間の指導であっても，その性質上，事前，本時（当日），事後という一連の取り組みの流れを記す必要がある。それは，1年間を通して，また3年（6年）間を通して意図的・系統的・計画的に指導していくための年間計画や全体計画というカリキュラムのなかに，それぞ

れの取り組みが，その時々の子どもたちの「動的な」「生の」活動として「自主性・主体性」をそのなかに取り込みつつ進むからである。つまり，昨年と同様の取り組みをしたとしても全く同様のことは起こりえず，今年独自の取り組みが展開していく。その振幅は他の各教科・領域とは比べものにならない。そのため，教員は子どもたちと共に状況分析R（Research）をし，計画P（Plan）を立て，実施D（Do）し，評価C（Check）を行い，改善A（Action）しながら各活動・学校行事を指導していく。この一連のR-PDCAサイクルが長期的，中期的，短期的に行われ，この短期的なサイクルのなかの1単位時間の指導計画が指導案といえる。そして，短期的なR-PDCAサイクルはひとまとまりのサブ・カリキュラムとして他の各教科・領域等との関連をもちながらより効果的な取り組みとなっていく。そして，子どもたち自身がこのそれぞれの取り組みのR-PDCAの過程を自主的・主体的に行えるようになったとき，「より良い人間関係の構築」「公共の精神や社会性の育成」「自己の生き方についての考えを深め，自己を生かす能力を養う」というような目標が達成される。つまり，特別活動の指導案は子どもたちの成長過程そのものであるといえる。

**参考文献**

京都府総合教育センター「質の高い学力を育成する『学習指導案ハンドブック』」2012年3月。

国立教育政策研究所教育課程研究センター「評価規準の作成，評価方法等の工夫改善のための参考資料（小学校特別活動）」2011年11月。

国立教育政策研究所教育課程研究センター「評価規準の作成，評価方法等の工夫改善のための参考資料（中学校特別活動）」2011年11月。

田中博之（2013）『カリキュラム編成論』放送大学教育振興会。

文部科学省（2008）『小学校学習指導要領解説　特別活動編』（平成20年8月）東洋館出版社。

文部科学省（2008）『中学校学習指導要領解説　特別活動編』（平成20年9月）ぎょうせい。

文部科学省（2010）『高等学校学習指導要領解説　特別活動編』（平成21年12月）海文堂出版。

（名和　優）

第 9 章

# 特別活動の実践事例

　本章では，学級活動，児童会（生徒会）活動，クラブ活動の各活動および学校行事についての具体的な実践事例を紹介する。

　各活動および学校行事は，それぞれ独自の目標と内容をもつ教育活動であるが，最終的には特別活動の目標を目指して行われるものである。したがって，特別活動全体の目標と各活動・学校行事の目標には密接な関係があることを理解するとともに，これらを十分考慮し，関連を図って計画し，指導することが大切である。

　特に，特別活動の中心的な目標である，児童生徒の「自主的，実践的な態度」の育成は，各活動・学校行事のそれぞれの特質を生かして取り組まれるべき「人間関係の形成」や「生活づくりへの参画」などといった具体的な活動のなかで実践されるべきものである。

　本章では，「望ましい集団活動」を通して，児童生徒が，「集団や社会の一員」として，「自発的・自治的な活動」を一層効果的に展開できるように指導するとともに，児童生徒の「社会に参画する態度」や「自治的能力」を育成することを目指した実践の在り方を考察する。

## 1　学級活動(2)「栄養バランスを考えた食生活（第 3 学年)」の事例【小学校】

　本事例は，学級活動(2)「日常の生活や学習への適応及び健康安全」のキ，「食育の観点をふまえた学校給食と望ましい食習慣の形成」に関する内容で，「栄養バランスのよい食事の大切さ」を第 3 学年の児童に理解させるため，学級担任が学校給食で出される授業日のメニューを取り上げ，学校栄養職員（以

下,栄養士)とティーム・ティーチングを行い,児童に好き嫌いなく食事をする実践的態度を身につけさせる事例である。以下,事前の活動,本時の活動,事後の活動の順に説明する。

## (1) 事前の活動

> ①「給食記録カード」への記入(月〜金)
> ・全児童がカードに,残食を記入する
> ②「アンケート」の実施
> ・苦手な食べ物調べ

「事前の活動」としては,「本時の活動」を実施する前の週に「給食記録カード」(資料9-1)を全児童が1週間分記入して食べ残しを記録する。このカードには,食べ残さなかった場合に○印,食べ残した場合には×印をつけて,その食材を記録する。たとえば,7月7日(月)の給食では,主食の「手巻き寿司」は残さなかったが,おかずの「七夕汁」に入っていたシイタケを食べ残したという記録である。児童には,給食の取り組みの記録をとること,これを後

**資料9-1　給食記録カード**

|   | 7月7日(月) | 7月8日(火) | 7月9日(水) |
|---|---|---|---|
| 主食 | 手巻きちらし寿司<br>(　　○　　) | 夏野菜カレー<br>(　　○　　) | 天ぷらうどん<br>(　　○　　) |
| おかず | 焼南瓜・七夕汁<br>(× 汁のシイタケ) | ズッキーニサラダ<br>(× ズッキーニ) | ゴーヤかき揚・枝豆<br>(× ゴーヤ　) |
| 牛乳 | ○ | ○ | ○ |

|   | 7月10日(木) | 7月11日(金) |
|---|---|---|
| 主食 | ツナそぼろごはん<br>(△　ツナ　) | ごはん<br>(　　○　　) |
| おかず | キュウリピリ辛漬<br>(　　○　　) | 肉・野菜炒め<br>(× ニンジン　) |
| 牛乳 | ○ | ○ |

【説明】○(残さなかった)　△(残したものがある)　×キュウリ(キュウリを食べ残した)

日の学習資料とすることを理解させておく。また，苦手な食べ物アンケートも実施し，学級担任は，児童の好き嫌いの実態を把握しておく。

（2）本時の活動

> ①「つかむ」段階……………………………………⇒（課題把握）
> ・アンケートや給食記録カードをもとにして，自分自身の問題点をつかむ
> ・先週の月〜金（5日間）の残食量を知る
> ・本時の「学習のめあて」をつかむ
> ②「さぐる・見付ける」段階………………………⇒（課題追求・解決方法）
> ・残食の多い原因（好き嫌い）を整理する
> ・給食献立表を活用し，給食が栄養のバランスを考えたものになっていることをグループ活動で見付ける
> （黄・赤・緑の3つの食品群に関する栄養士の先生のお話）
> ・苦手なものを食べる工夫を話し合う
> ③「決める」段階……………………………………⇒（個人目標の自己決定）
> ・自分のめあてと取り組みの方法を決め，「がんばりカード」に記入する

　本時では，**導入の「つかむ」段階**で，嫌いな食べ物のアンケート結果（ニンジン3人，シイタケ4人，ピーマン6人……）を板書して提示したり，「給食記録カード」（資料9-1）を活用したりして，児童に「自分自身の問題」として，栄養バランスに関する課題を把握させる。次に，**展開の「さぐる・見付ける」段階**では，残食の原因を整理し，これが好き嫌いにあるのではないかを「さぐる」とともに，本日の給食献立表を活用して，学校給食が栄養バランスを考えたものになっていることをグループ活動で「見付ける」。また，栄養士の先生の話を聞いたり，苦手なものを食べる工夫を発表し合ったりする。最後にまとめの**「決める」段階**では，各自が「めあて」と「方法」を自己決定する。

## （3）事後の活動

> ① 「給食がんばりカード」（月～金）
> 　・実践の様子をカードに全児童が記入する
> ② 帰りの会などで取り組みの様子を振り返る
> 　・好き嫌いをなくす努力をしている児童を紹介しあう

　自己決定したことを実践するための「がんばりカード」を記入する。また，学校では，帰りの会などで取り組みの様子を紹介し合うようにする。

## （4）評　　価

　事前・本時・事後の各活動につき，「関心・意欲・態度」，「思考・判断・実践」，「知識・理解」の3観点をそれぞれ評価するというより，この事例では，たとえば，「知識・理解」に重点化して評価することも考えられる。

## 2　児童会活動「図書委員会」の事例【小学校】

　児童会活動には，①「代表委員会」活動，②「各種委員会」活動，③「児童集会」活動の3つの形態がある。これらは，教師の適切な指導の下，全校児童で組織する児童会の自発的，自治的活動であるが，そのためには，教師が作成した下記のような年間指導計画に基づき，児童が年間・学期・月ごとの活動計画を立て，役割分担をしながら協力的な運営を行うことが考えられる。ここでは，図書委員会の活動を取り上げて紹介したい。

### （1）児童会活動（図書委員会）の年間指導計画（例）

> 1　児童会活動の目的
>
> > 　児童会活動を通して，望ましい人間関係を形成し，集団の一員としてよりよい学校生活づくりに参画し，協力して諸問題を解決しようとする自主的，実践的な態度を育てる。

## 2 児童会活動の評価規準

| 集団活動や生活への関心・意欲・態度 | 集団の一員としての思考・判断・実践 | 集団活動や生活についての知識・理解 |
|---|---|---|
| 楽しく豊かな学校生活をつくるための諸問題に関心をもち,他の児童と協力し,積極的に児童会の活動に取り組もうとしている。 | 楽しく豊かな学校生活をつくるために,児童会の一員としての役割や諸問題を解決する方法などについて考え,判断し,協同して実践している。 | 楽しく豊かな学校生活をつくる児童会活動の意義や組織,そのための活動内容,方法などについて理解している。 |

## 3 図書委員会の年間活動計画

| | 日常活動 | 創意工夫を生かした活動 | 指導上の留意点 |
|---|---|---|---|
| 一学期 二学期 | ○図書委員会の計画や運営<br>・活動計画<br>・役割分担<br>○日常活動内容<br>・昼休み,放課後<br>・図書貸出・整頓<br>○学期の振り返り | 紙芝居<br>・昼の放送で月2回実施<br><br>○絵本の読み聞かせ<br>・図書館で週に1回実施<br><br>○秋の読書集会 | ・図書委員会のねらいを基に,活動計画を考えるように助言する。<br>・図書委員会の日常活動を知らせ,児童が協力して取り組めるようにする。<br>・計画や運営の仕方を理解させ,自分たちで委員会の仕事が進行できるようにする。<br>・昨年度の実施例を基にしながら,新たに付け加える点や変える点は何か,どんな集会にするなど,児童の考えを十分引き出すようにする。<br>・児童の活動状況を褒めたり,反省点を話し合わせると共に,次の活動への意欲を高めるようにする。 |

児童会活動では,代表委員会で話し合われた後,ある委員会が中心となって児童集会を行うことも少なくない。ここでは,図書委員会が中心となって「読書集会」行った例を次のとおり紹介する。

| | 活動の流れ | めざす児童の姿と評価方法 |
|---|---|---|
| 準備 | ○話合い(活動計画の作成)<br>・活動のめあて<br>・集会の内容<br>・役割分担<br>○集会の準備・練習<br>・準備物<br>・運営の仕方 | 【関心・意欲・態度】<br>・みんなと協力して計画や準備に意欲的に取り組もうとしている。<br>【思考・判断・実践】<br>・集会のねらいに基づいた活動内容を考えている。<br>・影絵の構成を考えたり,楽しい図書クイズを考えたり,協力して準備に取り組もうとしている。 |
| 集会活動 | 秋の読書集会<br>1.はじめの言葉<br>2.図書委員のあいさつ<br>3.貸出し数ベスト3学級発表・表彰<br>4.図書クイズ<br>5.影絵劇(『命のビザ』)と朗読<br>7.おわりの言葉 | 【知識・理解】<br>・集会のめあてや活動内容に即した運営の仕方を理解している。<br>【関心・意欲・態度】<br>・集会活動に自分から進んで楽しく参加している。<br>【思考・判断・実践】<br>・影絵劇の話にあった影絵を考えたり,1年生にも分かりやすい言葉で輪読したりしている。<br>・司会進行の係に熱心に取り組んでいる。<br>〈観察・振り返りカード〉 |

| 振り返り | ○活動の成果や課題の確認<br>・がんばったこと<br>・友達の努力<br>・反省点 | 【思考・判断・実践】<br>・活動を振り返り，自分の役割や参加の仕方，集会の課題についてまとめている。<br>〈観察・振り返りカード〉 |
|---|---|---|

## （2）児童会活動（図書委員会）の評価の工夫

　各種委員会活動では，上記の「秋の読書集会」のように「準備」，「集会活動」，「振り返り」の各段階で，「めざす児童の姿」を明確にして指導と評価を行うことが重要となる。

資料9-2　委員会活動記録

| （図書）委員会活動記録　（5）年（1）組・名前（○○一郎） | | | | |
|---|---|---|---|---|
| 1学期のめあて | 図書委員会の仕事を責任もってやりぬく | | | |
| 月別の反省 | 4月 | 5月 | 6月 | 7月 |
| 進んで，協力的に活動する | ◎ | ○ | ◎ | ◎ |
| 工夫して活動する | ○ | △ | ◎ | ◎ |
| 進め方を理解して活動する | ◎ | ◎ | ◎ | ◎ |
| 《感想》 | 図書委員になれたので，みんなが本が大好きになるお手伝い… | 今月は，みんなと協力できず，少し，自分勝手に仕事を… | 少しずつ仕事にも慣れてきて今月は，全体的に… | あっという間に1学期がおわったが，図書委員会の… |
| 1学期の振り返り | 1学期は，全体的に自分の仕事を責任をもってできたと思う。特に，図書の貸し出し当番では…… | | | |

　そこで，上のような「委員会活動記録」を作成し，活動の反省としての自己評価（◎○△）と感想を記入できる記録を残すことも考えられる。各種委員会の担当者は，年度末に「めざす児童の姿」や「評価規準」に照らして，「十分満足できる活動の状況」であったかどうかを評価し，学級担任に資料を提供することが考えられる。

## 3　クラブ活動「音楽クラブ」の事例【小学校】

　クラブ活動では，①「クラブの計画や運営」，②「クラブを楽しむ活動」，③「クラブの成果の発表」という3つの活動について，それぞれの児童像（「めざ

す児童の姿」）を明確化しておくことが望ましい。そのためには，次のような年間指導計画を立案しておくことが考えられる。ここでは，「音楽クラブ」の事例を紹介する。

## （1）クラブ活動（音楽クラブ）の年間指導計画（例）

### 1　クラブ活動の目的

　クラブ活動を通して，望ましい人間関係を形成し，個性の伸長を図り，集団の一員として協力してよりよいクラブづくりに参画しようとする自主的，実践的な態度を育てる。

### 2　クラブ活動の評価規準

| 集団活動や生活への関心・意欲・態度 | 集団の一員としての思考・判断・実践 | 集団活動や生活についての知識・理解 |
|---|---|---|
| 共通の興味・関心を追求するために，積極的にクラブの活動に取り組もうとしている。 | 共通の興味・関心を追求するために話し合い，クラブの一員として，よりよいクラブづくりについて考え，判断し，自己を生かして実践している。 | 共通の興味・関心を追求するクラブ活動の意義やそのための活動内容，方法などについて理解している。 |

### 3　音楽クラブ

| | 予想される主な活動 | 指導上の留意点 |
|---|---|---|
| 一学期 | ○クラブの計画や運営<br>・はじめの会<br>・年間活動計画，組織づくり<br>・異年齢での活動班の編成 | ○楽しい雰囲気の中で，同好の集団としての仲間意識を高め，音楽クラブ活動に対する意欲を高めるようにする。<br>○協力や計画性，メンバーの心のつながりの重要性に気づかせ，異年齢集団による自発的，自治的活動の効果的な展開が図れるようにする。 |
| 二学期 | ○クラブを楽しむ活動<br>・器楽や合唱の活動計画を立てる<br>・入学式，体育会，卒業式での演奏曲の練習<br>・ミニコンサート（器楽・合唱）の練習・開催<br>・活動を振り返る | ○一人一人の思いや願いを大切にし，全員が意欲的に取り組める器楽や合唱の活動を考えることができるようにする。<br>○みんなが楽しめる曲目の選定を話し合い，練習したり，ミニコンサートを開いたりできるようにする。 |
| 三学期 | ○クラブの成果の発表<br>・クラブ発表会でのミニコンサート | ○クラブ発表会（ミニコンサート）に向けて，発表内容や手順，司会，練習計画などをたて，協力して準備ができるようにする。 |

第9章　特別活動の実践事例

　上記のとおり音楽クラブの年間指導計画では,「クラブの成果の発表」が3学期に予定されている。ここでは,次に示すとおり,「準備」「発表会」「振り返り」に分けて,児童の活動や児童像を予想している。

### クラブ発表会（ミニコンサート）の例

| | 予想される活動 | めざす児童の姿と評価方法 |
|---|---|---|
| 準備 | ・1年間の成果発表をどうするかを協議する。<br>・発表内容を計画する。<br>・話合いをもとに練習や準備に入る。<br>・発表リハーサルを行う。 | 【関心・意欲・態度】<br>・活動に合わせて,材料や用具を積極的に集めている。<br>・準備や後片付けに意欲的に取り組もうとしている。〈観察〉<br>【思考・判断・実践】<br>・みんなが楽しめる活動計画について考え,活動している。<br>・活動計画をもとに異年齢の児童と教え合ったり協力し合ったりしながら活動している。<br>・活動を振り返り,みんなが楽しめるアイデアを出すなど,次回の活動計画に生かしている。〈クラブ活動ノート,観察〉資料①<br>【知識・理解】<br>・音楽クラブのねらいや活動内容を理解している。〈クラブ活動ノート,観察〉 |
| 発表会 | ・部長が挨拶し,活動内容を説明する。<br>・器楽と合唱のミニコンサートを行う。<br>・音楽クラブのPRをする。 | |
| 振り返り | ・クラブ発表会(ミニコンサート)を振り返り,頑張ったこと,友だちのよかったこと等をクラブ活動ノートに記入する。<br>・次年度のクラブ発表会に向けて,成果や課題を話し合う。 | |

## (2) クラブ活動（音楽クラブ）の評価の工夫

| (音楽)クラブ活動ノート (5)年(1)組・名前(○○ 一郎)　担当(△△)先生 | | | | | |
|---|---|---|---|---|---|
| (6)月のめあて | 表情に気を付けながら,歌声づくりを楽しむ | | | | |
| 今月の反省 | ① (6/5) | ② (6/12) | ③ (6/19) | ④ (6/26) | |
| 進んで,仲よく活動する | ◎ | ○ | ◎ | ◎ | |
| 楽しむ工夫をして活動する | ○ | △ | ◎ | ◎ | |
| 進め方を理解して活動する | ◎ | ◎ | ◎ | ◎ | |
| 《感想》 | デモテープを聴くと,本当に楽しそうに歌っていて,ついつい引き込ま… | 今月は,合唱なので,やりがいがある。器楽が苦手だから,せめて… | だいぶん慣れてきたけど,後半部分でソプラノにひきずられてしまい… | 先生に「楽しそうに歌ってる」とほめられた。表情もよくなったし,音程も… | |
| 今月の活動の振り返り | 「野に咲く花のように」の合唱が完成した。アルトの音程も覚え,ソプラノと上手にハモれたし,4年生にも発声の仕方を教えてあげられて… | | | | |

| （音楽）クラブ発表会カード　（5）年（1）組・名前（○○　一郎）　　担当（△△）先生 | | | |
|---|---|---|---|
| クラブ発表会のめあて | 1年間の合唱と器楽の成果を楽しみながら，演奏する | | |
| 発表会の反省 | 準備 | 発表会 | 振り返り |
| 進んで，仲よく活動する | ◎ | ○ | ◎ |
| 楽しむ工夫をして活動する | ○ | △ | ◎ |
| 進め方を理解して活動する | ◎ | ◎ | ◎ |
| 《感想》 | しっかりと練習できたので，上手に歌ったり，器楽の演奏をしたりすることができてよかった。大きな拍手をもらうとうれしくなり，…… | | |

　評価は，「クラブ活動ノート」や各種クラブの「発表会カード」等を参考にしてクラブ担当者が行い，学級担任に伝える。クラブ担当者は，毎時間，全児童の評価を行うことは難しいので，学期をとおして全員の各項目を見とるようにする。その際，充分満足できる状況と判断される時，○をつける。

## 4　学校行事「修学旅行」の事例【小学校】

　学校行事の指導・評価計画は，5種類の行事ごとに学習指導要領に示された目標や内容に基づき，各学校で目標や行事のねらい，内容，実施時期，授業時数，評価規準を定める必要がある。ここでは，第6学年の「遠足・集団宿泊的行事」である「修学旅行」の指導計画例を次に示す。

### （1）学校行事（修学旅行）の年間指導計画（例）

| 1　学校行事の目的 |
|---|
| 　学校行事を通して，望ましい人間関係を形成し，集団への所属感や連帯感を深め，公共の精神を養い，協力してよりよい学校生活を築こうとする自主的，実践的な態度を育てる。 |
| 2　遠足・集団宿泊的行事のねらい |
| 　自然の中での集団宿泊活動などの平素と異なる生活環境にあって，見聞を広め， |

自然や文化などに親しむとともに、人間関係などの集団生活の在り方や公衆道徳などについての望ましい体験を積むことができるような活動を行う。

### 3 遠足・集団宿泊的行事の評価規準

| 集団活動や生活への関心・意欲・態度 | 集団の一員としての思考・判断・実践 | 集団活動や生活についての知識・理解 |
|---|---|---|
| 自然や文化などに関心をもち、互いを思いやり、積極的に遠足・集団宿泊的行事に取り組もうとしている。 | 学校や学年の一員としての自覚をもち、平素と異なる生活環境の中での望ましい人間関係や行動の在り方などについて考え、判断し、協同して実践している。 | 遠足・集団宿泊的行事の意義や、校外における集団生活の在り方、公衆道徳などについて理解している。 |

### 4 年間行事計画

| 月 | 行事 | ねらい | 1 | 2 | 3 | 4 | 5 | 6 |
|---|---|---|---|---|---|---|---|---|
| 4 | 歓迎遠足 | 1年生を温かく迎え、豊かな人間関係や学校生活を築く。 | 5 | 5 | 5 | 5 | 5 | 5 |
| 7 | 自然教室 | 野外宿泊活動を通して自然に親しみ人間関係を豊かにする。 | | | | | 17 | |
| 11 | 修学旅行 | 校外の自然や文化に触れて見聞を広め、人間関係を築く。 | | | | | | 11 |
| 3 | お別れ遠足 | 6年生への感謝と卒業を祝う気持ちをもち、心の絆を深める。 | 5 | 5 | 5 | 5 | 5 | 5 |
| | 計 | | 10 | 10 | 10 | 10 | 27 | 21 |

　修学旅行においては、事前準備と事後の活動に十分な指導時間を設定することも多い。たとえば、事前準備では「調べ学習」（社会科）、事後の活動では、「まとめづくり」（「総合的な学習の時間」）や「修学旅行発表会」などである。小学校学習指導要領（総則、第4・1・(4)）には、「児童の実態等を考慮し、指導の効果を高めるため、合科的・関連的な指導を進めること」とあるように、社会科や総合的な学習の時間（以下、「総合」）との関連指導を図り、教科・領域の特性を生かした次のような指導計画の立案も考えられる。

| | 活動の流れ | めざす児童の姿と評価方法 |
|---|---|---|
| 事前準備 | ・学習計画（ねらい・方法）<br>・グループ編成<br>・修学旅行先の調べ学習（社会科）<br>・親子オリエンテーション<br>・「総合」での関連学習（国際理解） | 【関心・意欲・態度】<br>・意欲を持って，旅行先にの文化や歴史・自然などの調べ学習に取り組もうとしている。<br>【知識理解】<br>・修学旅行のねらい，旅先でのマナーを理解している。 |
| 修学旅行 | 《1日目》<br>・学校出発式<br>・資料館見学（歴史・異文化理解）<br>・グループ活動による市内見学<br>・ホテルへの入館式<br>・リーダーミーティング<br>《2日目》<br>・ホテルの退館式<br>・ロープウェイ・展望台・博物館<br>・高山野草園散策・昼食<br>・学校到着式 | 【関心・意欲・態度】<br>・意欲的に歴史資料館や市内の見学に参加している。<br>・グループの中で協力しながら，見学や学習を進めている。<br>・旅先では進んで挨拶や公衆マナーの順守に努めている。<br>【思考・判断・実践】<br>・めあてに向かって，資料館等での学習を進めている。<br>・旅行日程を意識しながら，集団行動をしている。<br>・公衆道徳を考えながら行動している。<br>【知識理解】<br>・修学旅行の訪問先や日程を理解している。<br>・ホテルでの決まり，マナーを理解している。 |
| 事後 | ・修学旅行発表会の計画<br>・発表分担に基づく作業・準備<br>・発表会 | 【思考・判断・実践】<br>・修学旅行を振り返り，自分の役割や望ましい参加の仕方，成果や課題について，まとめている。 |

（2）学校行事（修学旅行）の評価の工夫

　事後の活動では，「言語活動の充実」を図る観点から，学習指導要領には「体験活動を通して気付いたことなどを振り返り，まとめたり，発表し合ったりするなどの活動を充実するよう工夫すること」と示されていることをふまえ，児童の作成した成果物なども，評価に生かすようにすることが大切である。たとえば，修学旅行の意義の理解，参加への関心や意欲，創意工夫や実践の状況などについて，児童が活動を振り返ってまとめた「修学旅行のめあて」の自己評価や感想（「修学旅行のしおり」）からも学校行事の取り組みの様子を窺うことができよう。これらを事前・修学旅行・事後の活動に関する「めざす児童の姿」に照らしながら，積極的に児童のよさや可能性を見とるようにする必要がある。

第9章　特別活動の実践事例

**修学旅行のめあて**

| |
|---|
| １．修学旅行の目標<br>　○学校外の文化や自然に触れ，見聞（社会的視野）を広める。<br>　○「社会科」や「総合的な学習の時間」としての学習を通して，課題を追求し解決しようとする態度を養う。<br>　○集団宿泊生活を通して，友情を深め合うと共に集団生活の規律を学ぶ。 |
| ２．どんな修学旅行にしたいか<br>　○みんなで決めた約束を守り，修学旅行先でしっかりと見学をして思い出深いものにしたい。 |
| ３．自分のめあて<br>　○「協力，思いやり，しっかり見学」をわすれないように頑張る。 |
| ４．ふりかえろう<br>　①……………………………⇒（○）<br>　②……………………………⇒（△）<br>　③……………………………⇒（◎） |
| ５．感想　………………………………………………………………………………<br>　……………………………… |

## 5　学級活動(1)「学級目標・個人マニフェスト作成」の事例
【中学校】

　本事例は，主として，中学校の学級活動(1)「学級や学校の生活づくり」のイ「学級内の組織づくり」に関する内容であるが，「学級目標作り」を通して，「学級の一員」としての自覚を深め，学級における集団生活の充実・向上に参画することによって，学級活動(2)(3)に示している「学級の個々の生徒が共通して当面する現状及び将来に関わる問題を学級での活動を通して解決していく」ことも目的とした事例である。

　新しい学級のスタートに当たって，学級のみんなで「知恵」を絞ってまとめた学級目標であったのに，完成した途端にクラスを彩る掲示物の一つにしか過ぎなくなることが多い。これは，学級目標を作ること（正確にいえば，掲示物として掲げること），それ自体が「目的化」してしまい，「目標の実現に向けたその後の具体的な取り組みこそが重要である」という発想が抜け落ちているこ

とが原因ではないかと考える。

　そこで、学級目標がどこにでもありがちなスローガン（たとえば「明るいクラス」や「何事にも団結する」など）だけで完結する「絵に描いた餅」ではなく、具体的な取り組みとセットになって、一年を通して学級活動の核となって生きて働くものとするために、「マニフェスト」*の発想を取り入れた実践を紹介する。

　　*マニフェストとは、「政権政策」とも訳されている選挙公約のことで、従来のただ漠然とした公約とは違い、具体的な数値や期限を決めた目標を選挙の際に有権者に示し、当選後は責任をもって実行することを約束するものである。もちろん、大人の、しかも政治の世界の発想を、直接学級活動に取り入れることには注意が必要であるが、学級目標の実現に向けた取り組みが、絶えず学級で「検証」されながら進められるために、大いに参考になる考え方である。


（1）ねらい
① 「どんな学級にしたいか（＝したくないか）」を話し合う作業をとおして、学級の課題を明らかにする。
② 一年をとおしての活動の指針となるような学級目標を制定し、具体的な取り組みを考える（＝マニフェスト作り）。
③ 「マニフェスト」の到達度をみることで、各学期や活動ごとの「点検」や「評価」の参考とする。

（2）「学級目標」作成の話合い（第1次）
① 「どんな学級にしたくないか」についての話合い
　従来の「どんな学級にしたいか」や「良い学級とは」という問いかけよりも、「どんな学級にしたくないか」の方が、生徒たちにとっては具体的にイメージしやすいはずである。各班でどんどん意見を出し合い、クラス全体で3つくらいに絞り込む。
② 「どうすればそのような学級にならないか」についての話合い
　「したくない学級」にしないためにはどんな取り組みをすればよいか、具体

表9-1　学級目標制定に向けての話合い（例）

| ①したくない学級像 | ②どうすれば良いか？ | ③学級に必要なこと |
|---|---|---|
| きたない学級 | 清掃活動を頑張る，ゴミを出さない | ＊協力し合う<br>＊「仲間」意識<br>＊けじめをつける |
| 暗い学級 | 「楽しい」取り組みをする | |
| いじめのある学級 | 仲間外れをしない，みんなで声をかける | |
| 叱られてばかりの学級 | けじめをつける，忘れ物をなくす | |

案を出し，質疑応答の時間も取った上で，まとめていく。

> （例1）きたない学級にしないためには？→清掃活動を頑張る，ゴミを出さない。
> （例2）暗い学級にしないためには？→学級活動などで楽しい取り組みをする。
> （例3）叱られてばかりの学級にしないためには？→けじめをつける，忘れ物をなくす。

③「この学級に一番必要なこと」についての話合い

　①②の討議をふまえ，「この学級で一番必要なことは何か」を考える。

　各班で出された「学級に必要なこと」をもとに，それらを一言で言い表せるような学級目標案を一人ひとりが考え，提出する。その際には「明るいクラス」といったありきたりの言葉ではなく，工夫してクラスのみんなが親しめるようなものを考える。


（3）学級目標制定委員会（放課後）

　全体の場で学級目標を決定しようとすると，逆に焦点の定まらない目標になってしまうことがある。そこで，各班の班長，学級代表，担任による「学級目標制定委員会」を開催し，クラスのみんなが書いた学級目標案を一つひとつ検討し，いくつかの候補に絞りこむ。

（4）学級目標作成の話合い（第二次）
① 学級目標の決定

　制定委員会で絞り込まれた学級目標（案）の候補について，クラスでどれが一

表9-2　学級目標及び目標達成のためのマニフェスト（例）

| 学級目標「快晴クラス」（晴れ晴れとした爽やかで明るいクラス） |
| --- |
| 1　一日一回　クラスのみんなと話をしよう<br>　　（わたしの公約：朝教室に入ったら　一番に「おはよう」という）<br>2　一ヶ月に一度　席替えをする<br>　　（わたしの公約：隣の席になった人と仲良くする）<br>3　学期に一度　クラスでレクリエーション大会を実施する<br>　　（わたしの公約：毎回一つ　みんなが楽しめるレクを提案する）　　（以下略） |

番ふさわしいかを話し合った上で，みんなの総意として，学級目標を決定する。

② マニフェストの作成

　目標を達成するための学級での具体的な取り組み（＝重点的な生活目標や行事に向けての取り組み）を話し合う。

③ 個人目標（＝クラスのみんなへの公約）作り

　「学級目標実現のために自分ができること」を各自が考え，個人目標を設定する。その際には，クラスのみんなへの「公約」という形で示すことにする。各学期や活動ごとの「点検」や「評価」は，みんなで決めたマニフェストと個人の公約が実現されたかどうかで判断することとする。

# 6　生徒会活動「『いじめ』について，共に学び，共に語り合おう！」の事例【中学校】

　生徒会活動は，「学校の全生徒をもって組織する生徒会において」と示されているとおり，全校の生徒が協力し合って目標の達成を図り成果を生み出していく活動である。

　また，『中学校学習指導要領解説　特別活動編』には，「学級の中などに，いじめや暴力，差別などが少しでも見られる場合には，学級活動はもとより生徒会活動などでも適切に取り上げ，学校全体でその問題の解決に取り組むことが

必要である。」と記されている (29頁)。

今回取り上げる事例は，「いじめ」の問題について，「仲間づくり」という視点から取り組んだ生徒会活動の実践である。

### (1) 活動の手順

「いじめ」について考えるとき，当事者だけの問題ではなく，「学校や学級が仲間を支え合える場になっているか？」という集団の課題としても，捉えられなければならない。そこで，主として，学級活動と全校集会を活用しながら，全校生徒が「いじめ」の問題について共に考え，共に語り合いながら，「いじめ」の問題を自分自身の問題として捉え，「仲間づくり」を進めることによって，「いじめ」を許さない意識を高揚させることをねらいとして，以下の①～③の手順で，活動を進めていくものとする。

① 全校アンケートの実施・分析……「知」
　まず，全校一斉のアンケートを実施し，考察を加えることによって，知識としての「いじめ」の不合理さを学ぶ。
② 「いじめ」解決劇の上演……「情」
　続いて，生徒会役員による「いじめ」を想定した劇を鑑賞することによって，感性，感情レベルで「いじめ」を許さない心を養う。
③ 生徒代表による意見発表……「意」
　そして，意見発表では，生徒一人ひとりが自らの問題として考えることによって，自らの強い意志で「いじめ」の問題を共に解決していこうとする態度を身につける。

### (2) アンケート結果の分析

アンケートは6つの設問から構成されている（資料「『なかま作り』についてのアンケート調査」参照）。

それぞれの集計結果を分析することによって，以下のことが考察できた。

① 自分の立場におきかえてみると（Q１～３）

　「いじめ」の問題の解決を難しくしている原因の一つに，加害者やまわりの子どもたちが，自分たちの行為を「ふざけていただけ」「遊びの延長」などと軽微なことと捉え，相手に対する「重大な人権侵害である」という認識に欠けていることが挙げられる。

　そこで，Q１，２では，実際に起こりそうな具体例を挙げて，それを「見た場合」と「自分がされた場合」に分けて質問し，それぞれどのように感じるかを選んでもらうようにした。その結果，他人に対しては「ふざけ合っているだけで，いじめではない」と答えた数と，自分がされた場合には「嫌な思いがするのですぐやめてほしい」と答えた数が逆転している項目があった。

---

　　他人がされているのを見たときと自分がされたときの感じ方の違いが顕著な項目
　　１．足を掛けたり，頭を叩く
　　２．嫌なあだ名で呼ぶ
　　３．失敗すると大声で笑う

---

② 「いじめ」の定義（Q３）

　Q３は，「『いじめ』であると判断するのはどんなときですか？」という問いの答えから，全校生の「いじめ」に対する共通の捉え方を探ろうというものである。一般的な定義や見解と比べてみても，あながち生徒が的外れな定義をしているとは思えない。むしろ，身近な問題だけに，より具体的でわかりやすいとはいえないだろうか？

---

　　　　　　　　　　K中学校全校生徒が考える「いじめ」とは？
　　１．強いものが弱いものをまたは大勢が，一人（少数）を，
　　２．しつこく（長期間にわたって），
　　３．暴力や嫌がらせなどを続けることによって，
　　４．相手の心や体をとても傷つけてしまうこと
　　　　　　　　　　　　　　　　（生徒会役員が全校生徒の意見を集約し，作成）

③「いじめ」の問題を解決するために（Q4，5）

　全体の60％以上の生徒が，自分の学級内で「いじめと思えるようなこと」があれば，何とか解決したいと考えていることがわかった。一方，「止めたりはしないが，自分は加わらない」と答えた生徒が31％であった。その理由として「止める勇気がない」「関わりたくない」「いじめられている人が強くなればいい」などの回答があった。「親や先生に相談する」と答えた生徒は9％に過ぎなかった。

　また，自分が「いじめ」にあった場合も，60％以上の生徒が相手に話したり，誰かに相談したりして解決したいと考えている。「親や先生に相談する」は，他人の場合の約2倍の15％であった。それに対して「いじめがなくなるまで，我慢する」が15％，「学校を休む」が6％もいた。

（3）3つのパターンによる「いじめ解決劇」の上演（Q6）
　Q6で全校生徒が自由に記述した「いじめの解決方法」を生徒会役員会で集約して，次の3つのパターンに絞り込んでシナリオを作成し，「いじめ解決劇」を上演した。

① 「もっと強い人を呼んで来て，仕返しをする」
② 「いじめられている人が強くなって反撃をする」
③ 「みんなで話し合う」

　「解決劇」の鑑賞後にそれぞれの解決方法の良い点や問題点などについて，学級で話し合いながら，さらに良い解決策について考えを深めることとした。

## （4）生徒代表による意見発表

　各クラスでの話合いの後，それぞれの思いを綴った作文を全校生徒へのアピール文として集約し，発表することにした。そうした取り組みの末に決定した生徒会活動スローガンが以下のものである。

---

「支え合える仲間のいる学校をめざして」

　生徒一人ひとりが，自分を，仲間を振り返り，みんなが楽しい学校生活を送れるようにしていこう。

---

**参考文献**

杉中康平（2004）「学級目標の作成はマニフェストの発想で」『特別活動研究』No. 450，明治図書。

杉中康平（2005）「学校生活への適応を促す特別活動指導のアイディア　児童会・生徒会活動ではどんな取り組みがあるか」『特別活動研究』No. 461，明治図書。

文部科学省（2008）『小学校学習指導要領解説　特別活動編』（2008年8月）東洋出版社。

文部科学省（2008）『中学校学習指導要領解説　特別活動編』（2008年9月）ぎょうせい。

文部科学省（2009）『高等学校学習指導要領解説　特別活動編』（2009年12月）海文堂出版。

教育課程研究センター『評価規準の作成，評価方法等の工夫改善のための参考資料【小学校　特別活動】』（平成23年）2011年。

教育課程研究センター『評価規準の作成，評価方法等の工夫改善のための参考資料【中学校　特別活動】』（平成23年）2011年。

　　　　　　　　　　　　　　　　　　　　　　　　　　　　（杉中康平）

# 『なかま作り』についてのアンケート調査

（　　　）組　（　男　・　女　）

　○○中学校の生徒全員が、毎日明るく楽しく生活し、支え合って頑張れるなかまを作るための取り組みです。真剣に考えて答えてください。

Q1　①〜⑪のようなことを目撃した時、あなたはどう思いますか。記号に○をつけてください。

⑦いじめだと思う　　④ふざけ合いでいじめではない　　⑦どちらともいえない

Q2　また①〜⑪のようなことを自分がされたらどうおもいますか。記号に○をつけてください。

Ⓐいやな思いがするので、すぐにやめてもらいたい
Ⓑそんなに気にしない
Ⓒどちらともいえず、その場にならないとわからない

|  |  | Q1 | | | Q2 | | |
|---|---|---|---|---|---|---|---|
| ① | 休み時間などにその人だけ声をかけない、誘わない | ⑦ | ④ | ⑦ | Ⓐ | Ⓑ | Ⓒ |
| ② | その人の靴を片方だけ隠す | ⑦ | ④ | ⑦ | Ⓐ | Ⓑ | Ⓒ |
| ③ | その人から、ひんぱんに物やお金を借りてわざと返さない | ⑦ | ④ | ⑦ | Ⓐ | Ⓑ | Ⓒ |
| ④ | すれ違いさまに、その人に足をかけてこかしたり、頭をたたく | ⑦ | ④ | ⑦ | Ⓐ | Ⓑ | Ⓒ |
| ⑤ | その人が嫌がっている《あだ名》を呼ぶ | ⑦ | ④ | ⑦ | Ⓐ | Ⓑ | Ⓒ |
| ⑥ | その人が何か言いかけると、「きしょい」と言って、それをさえぎる | ⑦ | ④ | ⑦ | Ⓐ | Ⓑ | Ⓒ |
| ⑦ | その人のノートや持ち物、机に「死ね」「あほ」などの落書きがあった | ⑦ | ④ | ⑦ | Ⓐ | Ⓑ | Ⓒ |
| ⑧ | その人の持ち物を触らなかったり、そうじの時わざと机を運ばない | ⑦ | ④ | ⑦ | Ⓐ | Ⓑ | Ⓒ |
| ⑨ | その人が何か失敗したりすると、わざと大きな声で笑う | ⑦ | ④ | ⑦ | Ⓐ | Ⓑ | Ⓒ |
| ⑩ | その人がろうかを歩いていると、わざとみんながその人を避ける | ⑦ | ④ | ⑦ | Ⓐ | Ⓑ | Ⓒ |
| ⑪ | 大勢でいっせいに、その人をたたいたり、けったりする | ⑦ | ④ | ⑦ | Ⓐ | Ⓑ | Ⓒ |

Q3　毎日の学校の生活の中で、どこまでが「ふざけ合い」で、どこまでが「いじめ」であるかを決めることは難しいと思いますが、あなたが「いじめ」だと判断するのはどんな時ですか。その基準を書いてください。

Q4　もし、自分のクラスで「いじめ」と思えるようなことが行われていたらどうしますか。記号に〇をつけてください。それを選んだ理由を書いてください。

| ①やめるように呼びかける　　②自分では止められないので、友達と相談する |
| ③先生や親に相談する　　　　④止めたりはしないが、自分は加わらない |
| ⑤自分もいじめに加わる |
| ⑥その他 |

Q5　もし、自分に対して「いじめ」と思えるようなことが行われたら、どうしますか。記号に〇をつけてください。それを選んだ理由を書いてください。

| ①自分の気持ちを話してやめてもらう |
| ②友達と相談する |
| ③先生や親に相談する |
| ④いじめがなくなるまでがまんする　　⑤いじめがなくなるまで学校を休む |
| ⑥その他 |

Q6　「いじめ」の問題を解決するためには、どんなアドバイスをしてあげればいいと思いますか。友達に実際に話すようなつもりで答えてください。

Ⓐいじめられている人が、もしあなたの友達だったら。


Ⓑいじめている人が、もしあなたの友達だったら。

第10章

# 特別活動の指導原理

　特別活動の指導原理は「望ましい集団活動を通して」あるいは「自発的，自治的な活動」という特質に貫かれている。このような特質によって，特別活動は各教科や道徳とは異なる，教育課程の一つの領域として位置づけられている。
　本章においては，「集団」に関連して今日の子どもたちにみられる傾向性と「病理」を確認したうえで，こうした現状をふまえて，子どもたちを「望ましい集団」につないでいく指導原理について述べていく。

## 1　人間関係にかかわる子どもたちのもつ今日的課題

　人間関係という点で，今日の子どもたちは「つながらない」「つながれない」としばしば指摘される。こうした指摘の背景にある子どもたちの抱える問題についてまずここで触れることとしたい。

### （1）異年齢集団活動の減少
　「異年齢遊び」に代表される異年齢集団活動の機会が減少傾向にあることが指摘されるようになって久しい。以前はこうした異年齢集団活動への参加を通して，子どもたちは自己の役割認識を得ており，そのなかで自己の有用感，すなわち自尊感情，自己肯定感も育まれてきた。
　学校生活においては，中学校，高等学校には部活動という形で異年齢集団活動は存在するが，元来，小学校を含め，教育課程内でこの種の活動を保障して

きたのが特別活動，なかでもクラブ活動であった。今日の特別活動自体は，1947（昭和22）年学習指導要領にあった教科「自由研究」を源流としており，その趣旨は「学年の区別を去って，同好のものが集まって，教師の指導とともに，上級生の指導もなされ，いっしょになって，その学習を進める組織，すなわち，クラブ組織をとって，この活動のために，自由研究の時間を使っていくことも望ましいことである」（文部省『学習指導要領一般編（試案）』(1947)）とされていた。この自由研究の趣旨がもっとも鮮明な形で継承されたのが特別活動の内容のうちクラブ活動であったといえる。

　このクラブ活動は，中学校では1972年改訂学習指導要領（高等学校は73年改訂）から必修になったが，1989（平成元）年改訂学習指導要領から，「クラブ活動については，学校や生徒の実態に応じて実施の形態や方法などを適切に工夫するよう配慮するものとする。なお，部活動に参加する生徒については，当該部活動への参加によりクラブ活動を履修した場合と同様の成果があると認められるときは，部活動への参加をもってクラブ活動の一部又は全部の履修に替えることができるものとする」（文部省『中学校・高等学校学習指導要領』(1989)）と明記され，教育課程外の部活動の参加をもって，教育課程内のクラブ活動の履修に代替できることが示された。そして1998（平成10）年改訂学習指導要領においては，中学校・高等学校の学習指導要領から「クラブ活動」という表記が消えており，中学校および高等学校のクラブ活動が全面的に廃止された。小学校においては，必修クラブ活動は残っているが，それでも毎週一時間必ず行うことになっていた位置づけから，学校週五日制の完全実施とともに授業時間の確保を目的として，月一時間程度に削減された学校が多い。いずれにせよクラブ活動の廃止，削減により，学校生活内，殊に教育課程内における異年齢集団による活動が，以前と比較してもちにくくなっていることは確かである。

　学校外生活においても，「サンマがない（3つの「間」：時間，空間，仲間がない）」という言葉が登場しているように，今日の子どもたちは時間，空間的に異年齢集団のみならず同年齢集団との遊びの機会も減少している。

第10章　特別活動の指導原理

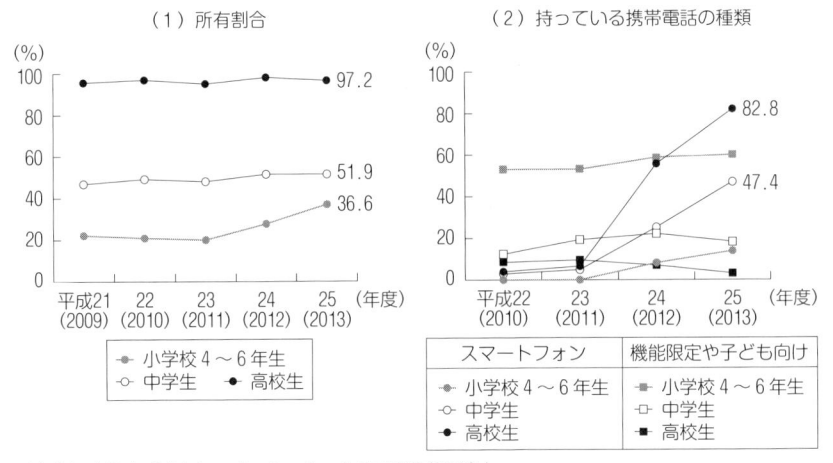

(1) 所有割合　　　　　(2) 持っている携帯電話の種類

- 小学校4〜6年生
- 中学生
- 高校生

97.2
51.9
36.6

82.8
47.4

スマートフォン / 機能限定や子ども向け
- 小学校4〜6年生
- 中学生
- 高校生

(出典) 内閣府「青少年のインターネット利用度実態調査」
(注) 1. (1)の所有割合は，自分専用と家族一緒に使っているものの合計。
　　 2. (2)において，機能限定スマートフォンや子ども向けスマートフォンは割合がわずかであるため，含めていない。

**図10-1　携帯電話（PHS・スマートフォンを含む）の利用状況**
(出所) 内閣府「平成25年度　青少年のインターネット利用環境実態調査」

## (2) コミュニケーション不全

### ① ケータイ世代のコミュニケーション

　子どもたちのみならず若者，大人をも含めて今日の社会は「コミュ障」と呼ばれるコミュニケーション不全の傾向を強めいている。コミュ障は，元々はネットスラングで，人とまともに話すことができない，極度の人見知り，対人恐怖症等，対人コミュニケーションを苦手とする傾向を指す言葉である。この傾向には「ひきこもり」のような非社会的な問題行動が含まれる一方で，一見すると対人関係において外面的にはスムーズにコミュニケーションがとられていながら，その実「つながる」ことへの過剰なストレスを抱えながらの「二十四時間営業のコンビニのような人間関係」(中村 2004) に神経をすり減らしている状況も含まれている。そこでは子どもたちによっては，「わかりあえない」関係を前提にコミュニケーションがとられている。

　最近では小学生の携帯電話の所有率も上がってきている。内閣府の調査によ

ると2013（平成25）年度の小学生携帯電話所有率が36.6％と2011（平成23）年度まで横ばいだった数字は2012（平成24）年度，2013年度の2か年で右肩上がりに転じている。中学生，高校生の携帯電話所有率については，2009（平成21）年度から2013年度まで大きな変動はないものの，中学生で半数，高校生でほぼ全員が携帯電話を所有しているという結果が示されている（図10-1）。

　このような状況下，最近ではケータイ，インターネットに関連したさまざまなコミュニケーション・トラブルが増えている。携帯を所有する中高生は，特に用もなく頻繁にメールのやりとりをしている者が多い。「メール即レス」というルールもあるらしい。このルールに縛られた中高生たちは，メールを送ったら，返信が戻ってくるまでの時間で，相手の友情や愛情を測る傾向にある。メールを送信する方は，返事が遅いと不安にかられ，受信する方は「即レス」しなければならないというプレッシャーを感じてしまう。いつでもどこでもつながっていられる便利なコミュニケーション・ツールが，親しさを深めるどころか息苦しさを感じさせてしまうという皮肉な結果をもたらしている場合も中高生の間では多々ある。

　情報セキュリティメーカーの「デジタルアーツ」が実施した，小学4年生から高校生までの子ども618人と，未就学児から高校生を末子にもつ保護者624人を対象に携帯電話・スマートフォンの利用実態や意識等の調査結果によると，使用の中断を試みた経験に関連して，「やめられずに苦しい思いをした」子どもは全体の21.5％（その内，女子高生は39.8％），使用することによって気分の落ち込みや自己嫌悪なども，子ども全体で「結構ある」「たまにある」の合計が26.7％に上ったとされる。携帯電話そのものへの依存ももちろんあるが，「気分の落ち込み」や「自己嫌悪」といった回答の背後には，携帯電話を通してつながっている「ネオ共同体」への強迫的な帰属意識も影響しているのではなかろうか。

　菅野仁はこうした「妙な関係」の背後にある「同調圧力」を「ネオ共同性」と命名している。そして菅野は，「多くの情報や多様な社会的価値観の前で，お互い自分自身の思考，価値観を立てることはできず，不安が増大している。

その結果，とにかく『群れる』ことでなんとかそうした不安から逃れよう，といった無意識的な行動が新たな同調圧力を生んでいるのではないか」と述べ，こうした力の根拠として「不安」の相互性を挙げている（菅野 2009：56）。この同調圧力については，内藤朝雄によって「群生秩序」と呼ばれ，次のようにより具体的に説明がなされている。「大勢への同調は『よい』。ノリがいいことは『よい』。周囲のノリにうまく調子を合わせるのは『よい』。ノリの中心にいる強者（身分が上の者）は『よい』。強者に対してすなおなのは『よい』。…（中略）…『みんなから浮いて』いる者は『悪い』。『みんな』と同じ感情連鎖にまじわって表情や身振りを生きない者は，『悪い』。『みんなから浮いて』いるにもかかわらず自信を持っている者は，とても『悪い』。弱者（身分が下の者）が身の程知らずにも人並みの自尊感情を持つのは，ものすごく『悪い』」（内藤 2009：39-40）。

② 傷つくのがこわい児童生徒による「優しい関係」

　一昔前は傷つきやすい年頃というと多感な「思春期」というイメージであったが，最近の趣は少々異なってきている。大人から子どもまで，多くの人が「自分は傷つきやすい」と思っている状況である。こうした傷つきやすさは自己肯定感，自尊感情の低さとも直結した問題でもある。

　ところで，良くも悪くも，われわれは傷つきたくないために，いろいろな防御機制を用いる。いわゆる「予防線を張る」という行為である。今日，教室のなかでこの「予防線を張る」行為が，子ども同士の対人関係構築のパターンに影響を与えている。最近の子どもたちの多くが築いているのは「空気」「ノリ」が支配的な「優しい関係」と呼ばれる対人関係である。「優しい関係」について土井隆義は次のように説明している。「現代の若者たちは，自分の対人レーダーがまちがいなく作動しているかどうか，つねに確認しあいながら人間関係を営んでいる。周囲の人間と衝突することは，彼らにとってきわめて異常な事態であり，相手から反感を買わないようにつねに心がけることが，学校での日々を生き抜く知恵として強く要求されている。その様子は，大人たちの目に

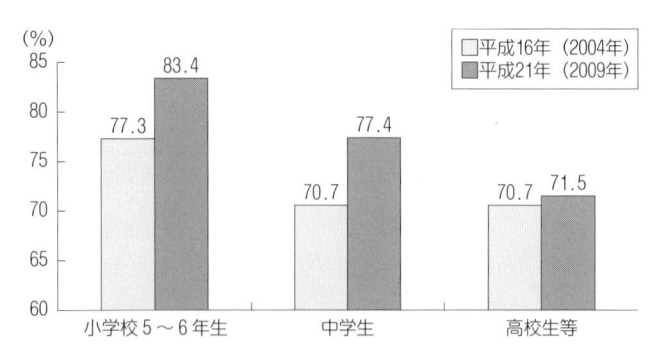

(出典）厚生労働省「全国家庭児童調査」
(注) 1．高校生等とは，高校生と，各種学校・専修学校・職業訓練校の生徒の合計。
2．ここでいう幸せだと思う者とは，「今，幸せだと思うか」との問いに対し「とても幸せだと思う」「やや幸せだと思う」と回答した者の合計。

図10-2　幸せ感（幸せだと思う者の割合）
(出所)　内閣府『平成26年版　子ども・若者白書』

は人間関係が希薄化していると映るかもしれないが，見方を変えれば，かつてよりもはるかに高度で繊細な気くばりを伴った人間関係を営んでいるともいえる」（土井　2008：16-17）。

こうした「優しい関係」を構成する子どもたち個々人は傷つきたくないという打たれ弱さを示す一方で，肥大した幼児的な万能感ゆえに他責的な傾向をも示す。

(3) アパシー

元来「アパシー」とは「感情がなくなった」状態を指す医学用語である。そこから派生して現代社会用語として，若者の無関心，無気力状態全般を指す言葉となっている。

1960年代には「スチューデント・アパシー」という言葉が大学における長期留年者に認められる特有な無気力状態に対して用いられ，その後，児童生徒の不登校等の一因として認められる無気力を伴う神経症に対しても用いられるようになった。このことからもわかるように当初は，留年や不登校の学生・児童

(1) 不安や悩みを抱えている者の割合

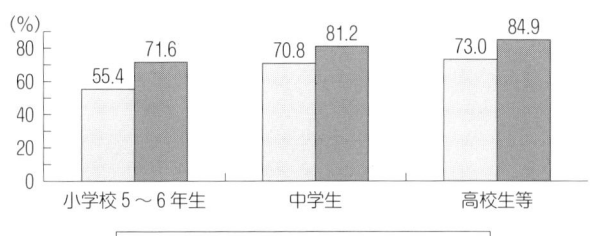

小学校5〜6年生: 平成16年(2004年) 55.4%、平成21年(2009年) 71.6%
中学生: 平成16年(2004年) 70.8%、平成21年(2009年) 81.2%
高校生等: 平成16年(2004年) 73.0%、平成21年(2009年) 84.9%

(出典) 厚生労働省「全国家庭児童調査」
(注) 高校生等とは、高校生と、各種学校・専修学校・職業訓練校の生徒の合計。

(2) 不安や悩みの内訳（平成21年複数回答）

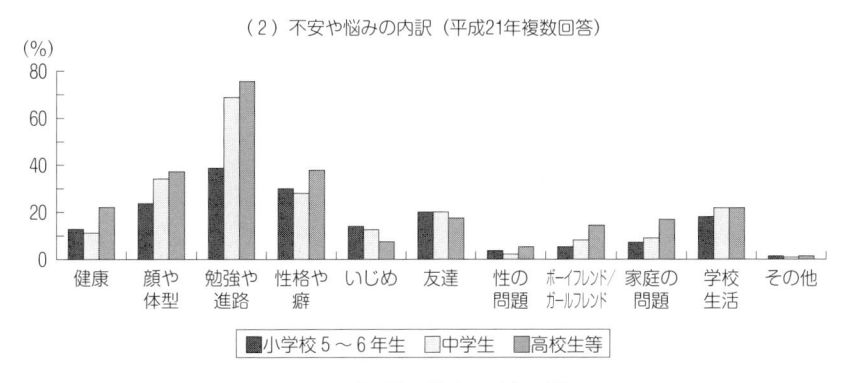

項目：健康、顔や体型、勉強や進路、性格や癖、いじめ、友達、性の問題、ボーイフレンド/ガールフレンド、家庭の問題、学校生活、その他
（■小学校5〜6年生　□中学生　■高校生等）

図10-3　子どもの抱える不安や悩み
（出所）内閣府『平成26年版　子ども・若者白書』

生徒に特有の「傾向性」を指す言葉であったが，こうした傾向性自体が今日では留年，不登校以外の学生・児童生徒の間にも広まりつつある。

　子どもの抱える不安や悩みも近年増加傾向にある。不安や悩みの内訳は小学生，中学生，高校生ともに「勉強や進路」にかかわる不安や悩みの割合が高く，「友達」関係での不安や悩みも多い。とりわけ進路に関しては，経済が右肩上がりの成長期が終わり，低成長の経済成熟社会に到達し，少子高齢化の波，デフレによる長引く不況も手伝って，若者が希望を描きにくい社会になっている（関連：図10-2，10-3）。

　こうした社会状況のなかで，フリーターやニートの問題も取りざたされるよ

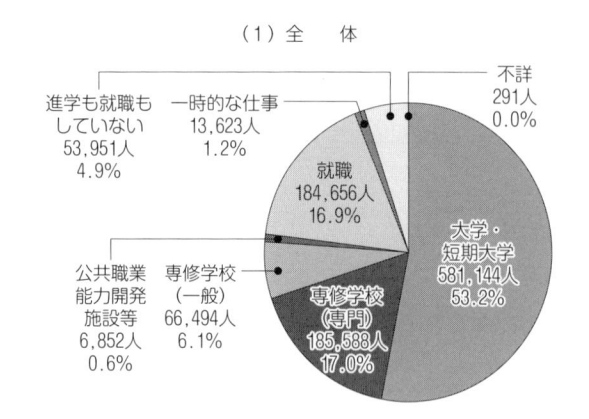

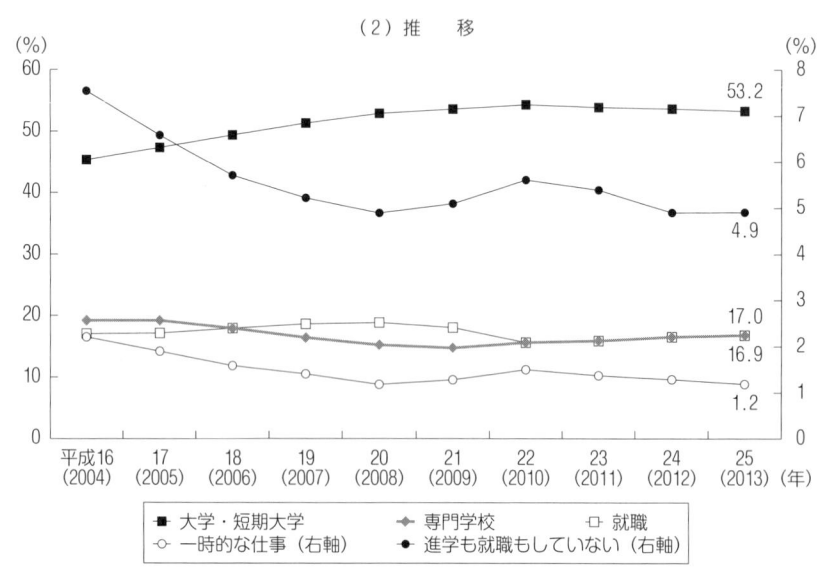

図10-4　高校卒業者（平成25年3月）の状況

(1) 全体

- 大学・短期大学　581,144人　53.2%
- 専修学校（専門）　185,588人　17.0%
- 就職　184,656人　16.9%
- 専修学校（一般）　66,494人　6.1%
- 進学も就職もしていない　53,951人　4.9%
- 一時的な仕事　13,623人　1.2%
- 公共職業能力開発施設等　6,852人　0.6%
- 不詳　291人　0.0%

(2) 推移

（出典）文部科学省「学校基本調査」
（注）中等教育学校後期課程卒業者を含む。

（出所）内閣府『平成26年版　子ども・若者白書』

うになった。元々「フリーター」は80年代後半に正社員，正規雇用以外の就業形態を指す言葉として登場し，「フリーランス・アルバイター」の略である（1987年のバブル経済期に，リクルート社の雑誌『フロム・エー』の編集長に

よって，一方において多様な生き方を模索している若者を応援する意味で，他方こうした若者たちを雇用する会社に彼らの存在を周知する意味で命名された)。「多様な生き方」のなかには積極的に夢を追求するタイプも含まれ「夢追い型フリーター」と呼ばれて，そうした雇用形態に対する選択の能動性がアピールされた。バブルが崩壊した後には，「夢追い型フリーター」は減少し，ほとんどのフリーターが正社員，正規雇用を希望する状態にある。

一方，ニート（NEET; Not in Education, Employment or Training）は非労働力人口のうち学生や専業主婦を除き，なおかつ求職活動に至っていないという意味合いでフリーターや失業者と区別する言葉として登場した。本来は15歳から34歳までという年齢を区切っているが，「引きこもり」と重複しているケースも多いことから，34歳以上の無業者に対してもこの言葉は用いられている。

さらに最近ではスネップ（SNEP）という言葉が登場した。スネップは「Solitary Non-Employed Persons」の略で，日本語に訳せば「孤立無業者」となる。20歳以上59歳以下の家族以外とのかかわりが一切ない無職・未婚者（但し学生を除く）のことを表す言葉である（関連：図10-4，10-5）。

また卒業後に就職した者の離職率の高さも社会問題化している。昨今問題視されている「ブラック企業」の問題に関連したケースももちろんあるが，その多くが若者の今日的傾向性に起因することが指摘されている。この傾向性は自己肯定感の低さとも間接的につながっているが，「傷つき体験」の乏しさに由来する（図10-6）。

今日の子どもたちは少子化のなかで育ち，家庭において一人ひとり大事に過保護的に育てられる者も少なくない。子どもたちが生育過程で失敗しないよう，あらかじめ障害を除去する「カーリング・ペアレント」と呼ばれる親も登場した。このような成育環境で，子どもたちは失敗したり，叱られたりする経験も少なくなっている。そして自ずと失敗に対する抵抗力も育たなくなっている。この失敗に対する抵抗力のなさは，度が過ぎると根拠のない自信とそれに支えられた幼児的な万能感という，不健全な「自尊心」となって表れる。しかし，こうした「自尊心」はあまりにも脆弱であり，保護者の保護下を離れて現実社

(1) 推　移

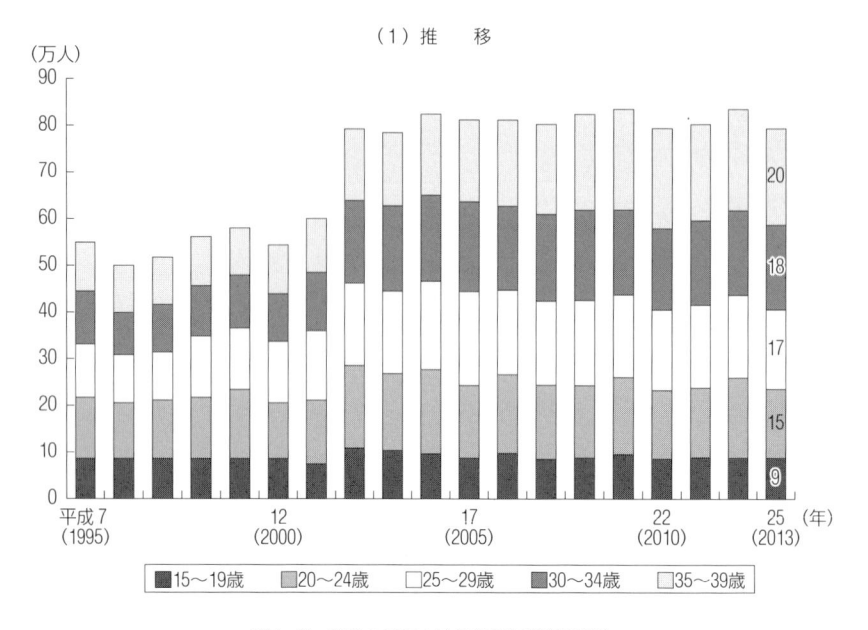

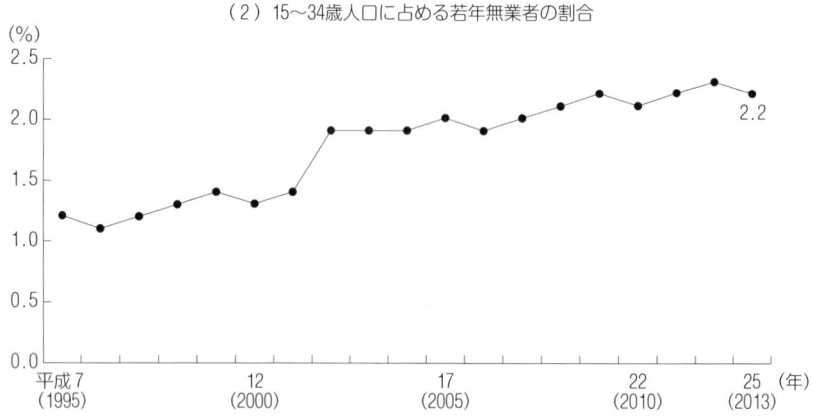

(2) 15～34歳人口に占める若年無業者の割合

(出典) 総務省「労働力調査」
(注) 1．ここでいう若年無業者とは，15～34歳の非労働力人口のうち家事も通学もしていない者。
　　　　グラフでは参考として35～39歳の数値も記載。
　　 2．平成23年の数値は，岩手県，宮城県及び福島県を除いたものである。

図10-5　若年無業者数

(出所)　内閣府『平成26年版　子ども・若者白書』

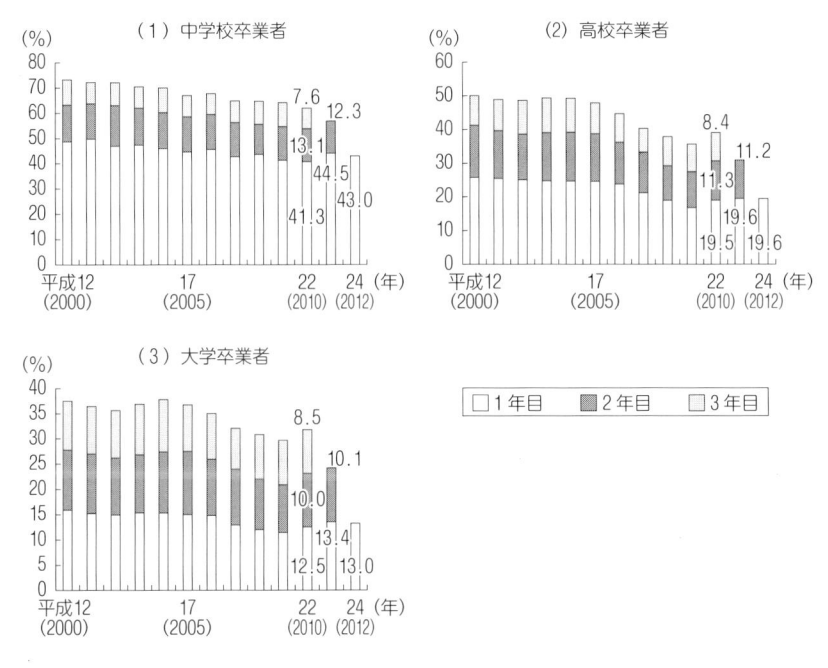

(出典）厚生労働省「新規学校卒業者の就職離職状況調査」
(注）1．厚生労働省が管理している雇用保険被保険者の記録を基に算出したもの。
　　2．新規に被保険者資格を取得した年月日と生年月日により各学歴に区分している。

**図10-6　新規学卒就職者の在職期間別離職率**
(出所)　内閣府『平成26年版　子ども・若者白書』

会に出たときに問題解決の動機として機能しないことが多い。幼児的な万能感が肥大化するほど，障害にぶつかったり，失敗したときには，現実を受け入れることができず他責的な言い訳でごまかしたり，あるいは逃避する傾向にある。若者の離職率が高いのも，こうした幼児的な万能感を防衛するための逃避であるケースが多い。

## （4）自己肯定感（自尊感情）の低さ

　いじめ，不登校，生活習慣の乱れや少年犯罪等，子どもに関する問題は山積しているが，最近では子どもの希死念慮や自傷行為等，子どもの自己肯定感

◆私は価値のある人間だと思う

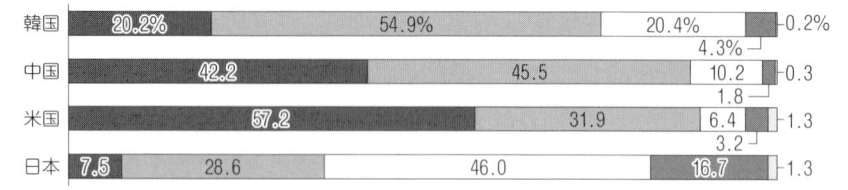

| | 全くそうだ | まあそうだ | あまりそうでない | 全然そうでない | 無回答 |
|---|---|---|---|---|---|
| 韓国 | 20.2% | 54.9% | 20.4% | 4.3% | 0.2% |
| 中国 | 42.2 | 45.5 | 10.2 | 1.8 | 0.3 |
| 米国 | 57.2 | 31.9 | 6.4 | 3.2 | 1.3 |
| 日本 | 7.5 | 28.6 | 46.0 | 16.7 | 1.3 |

◆私は自分を肯定的に評価するほう

| | 全くそうだ | まあそうだ | あまりそうでない | 全然そうでない | 無回答 |
|---|---|---|---|---|---|
| 韓国 | 18.9% | 51.6% | 24.7% | 4.5% | 0.3% |
| 中国 | 38.0 | 44.6 | 16.0 | 1.1 | 0.3 |
| 米国 | 41.2 | 35.0 | 17.5 | 4.5 | 1.7 |
| 日本 | 6.2 | 30.8 | 46.2 | 15.3 | 1.5 |

■全くそうだ ■まあそうだ □あまりそうでない ■全然そうでない □無回答

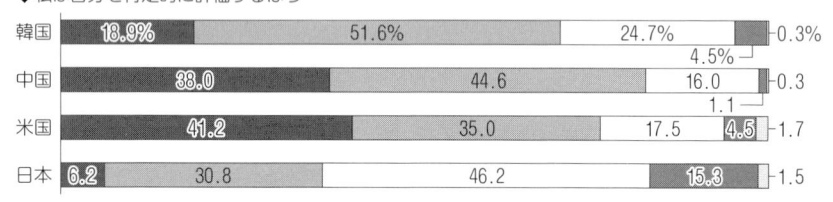

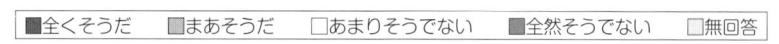

図10-7　高校生の自己評価

（出所）　財団法人日本青年研究所調査

（自尊感情）の低さに起因する問題行動も増加傾向にある（図10-7）。

　2013（平成25）年度に熊本県の助産師赤木夏代氏が熊本市内中学生809人を対象に希死念慮，自傷行為の調査を行ったところ，7％にあたる56人が「自分の体を傷つける行為を行ったことがある」と回答したことが報じられた。調査によると22％にあたる176人が「死にたい」「消えてしまいたい」と感じたことがあり，このうち自分を傷つける行為をした生徒は45人いた。この45人のうち60％（27人）が「誰にも相談できなかった」と回答したという。こうした状況をふまえ，赤木氏は「生徒同士が自分の感情を伝えたり，相手の話を聞いたりする手法」の重要性を訴えている（『熊本日日新聞』，2014年4月12日朝刊）。

　財団法人「日本青少年研究所」が，日本，米国，中国，韓国の高校生，計約7,200人を対象に実施した自己肯定感に関する調査によると，「私は価値のある人間だと思う」日本の高校生は，「全くそうだ」「まあそうだ」を合わせても36.1％にとどまり，米国や中国，韓国を大きく下回った。「自分を肯定的に評価する」「自分に満足している」でも割合が低いという結果が示された。

第10章　特別活動の指導原理

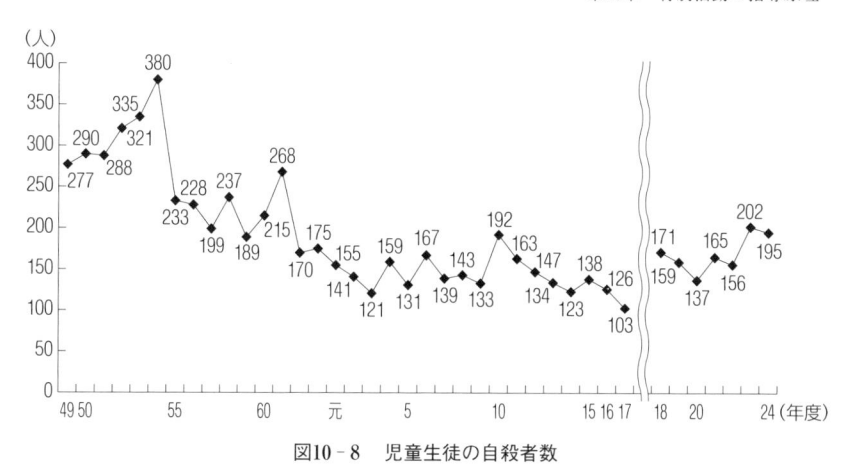

図10-8　児童生徒の自殺者数
（出所）　2014年3月文部科学省公表平成24年度「児童生徒の自殺の状況」

　心理カウンセラーの襲岩奈々は，日本の子どもたちが，優等生からそうでない子まで総じて自分自身に×をつける傾向にあることを指摘している。この場合「×」とは，自己承認，自己受容できないという意味で使用されている。反面，×がつくことに対してはある種の恐怖心がもたれており，欠点をもちながらもありのままの自分を許容していく柔軟性を欠くのが今日の子どもであること，また彼らを取り巻く大人も，「自分自身から見て」というよりも，常に他者と比較するために，○がつきにくくなる傾向にあることについても指摘されている。襲岩はこうした○のない大人，×だらけの子どもの状況が今日の日本におけるコミュニケーション不全状況の遠因であると推断している（襲岩2011：12-33）。

　自己肯定感，自尊感情の低さは子どもたちの自殺にもかかわっている。文部科学省「学校基本調査」によると，2012（平成24）年度の小学校児童数676万5千人，中学校生徒数355万3千人，高校生徒数335万6千人。それぞれ昭和56年の1,192万5千人，昭和61年610万6千人，平成元年564万4千人をピークとして児童生徒総数は減少傾向にあるにもかかわらず，児童生徒の自殺者数は平成に入ってからも100〜200人の間を推移している（図10-8）。

## 2 学習指導要領に示される指導原理

前節でみたように、子どもたちの対人関係構築、コミュニケーション・スキル、自己認識にかかわる問題は深刻であり、子どもたちの抱えるこうした問題に対しては学級経営、学校運営さまざまな規模で、改善の努力が求められる。

学習指導要領においては特別活動の目標が次のように示されている。「望ましい集団活動を通して、心身の調和のとれた発達と個性の伸長を図り、集団［や社会］の一員としてよりよい生活や人間関係を築こうとする自主的、実践的な態度を育てるとともに、自己の生き方についての考え方を深め［人間としての生き方についての自覚を深め］、自己を活かす能力を養う」（［ ］内は中学校）。

この説明からもうかがえるように、特別活動の目標は、「人間関係のなかでの人間づくり」といっても過言ではない。つまり、集団のなかでの「生き方」指導である。

「望ましい人間関係」というキーワードに関連しては、『学習指導要領』において、小学校では「望ましい人間関係の形成」、中学校では「望ましい人間関係の確立」、高等学校では「コミュニケーション能力の育成と人間関係の確立」が目標として掲げられる。中学校、高等学校においては、こうした目標に「自己及び他者の個性の理解」、「男女相互の理解と協力」が結びつけられ、社会の一員としての自覚とさらには社会生活における役割の自覚と自己の責任の理解がめざされる。

## 3 「望ましい集団活動」

### （1）所属集団と準拠集団

学校に限らず、人間の活動は他者との関係を意識しつつなされる。アリストテレスは人間を「社会（ポリス）的動物（zoon politikon）」と定義したが、この

定義には，社会的存在として人間を特徴づけることに加え，社会を創造し，維持・変革する過程に人間の自然性を見出す視点が含まれている。

　特別活動が集団にかかわる活動であることは学習指導要領の記述からもわかる。ただしそこに「望ましい」という価値語が付されていることに注目しなければならない。つまり，集団活動自体がすべて望ましいとは限らず，特別活動に関連して，集団にかかわる活動であれば，どのような活動でもよいという訳ではないということである。

　新年度第1学期にクラス編成がなされた直後の児童・生徒は自分がなん年なん組に所属するということは意識できていても，その所属集団が自分の心身の拠り所となる場所という意識はない。場合によっては，クラス編成がなされる前に所属していた集団に所属意識をもったままの子どももいたりする。こうした子どもも含めて，クラスとしての出発当初は，子どもたち個人のバラバラな寄せ集めという感が強いのに対して，年度内の授業やさまざまな行事を通して，年度末には，ある「まとまり感」がクラスに生じている。

　この「まとまり感」の背景には，集団の性格的変化が存在している。一言でいうならば，所属集団から準拠集団への変化である。「所属集団」とは，文字どおり所属している集合体としての集団を指し，お互いの関係がある安定性をもちながらある期間継続するような集団である。それに対し，「準拠集団（reference group)」とは，社会心理学の用語で，価値観，信念，態度等個人の行動決定に強く影響する集団を指す。

## （2）「学びの共同体」

　最近，新進気鋭の教育哲学者苫野一徳によって学級，学校集団の「つながり」の新たな可能性として「学びの協働性」の重要性が唱えられている。

　1990年代以降の教育改革は，しばしばその新自由主義的性格が指摘されるところである。特徴としては，市場原理を基調とする競争への過度な信頼とそのリスクマネジメントにおける自己責任の強調が挙げられる。このような特徴に派生する形で，教育において効率性や功利性が重視され，非効率的なもの，非

功利的なものに対してはまったく無視されるか，無視されないまでも忌避される傾向になった。しかもこうした効率性，功利性も即時的で可視的な計測が可能な範囲という限定付きで評価される。80年代の「学歴社会・受験競争批判」のなかでもすでに，競争のもつ負の側面については指摘され始めていたが，その主たるものは協働意識の希薄化による社会，共同体における紐帯の断絶，解消にあった。

　90年代以降の新自由主義を基調とする教育改革では，共通カリキュラムの縮減と個人の自由な選択によるその補完によって，子どもたちの学力格差，意欲格差，希望格差等さまざまな格差を生じさせる結果となった。飛び級制度の導入等で「エリート教育」の充実が図られる一方で，いわゆる「低学力」層への制度的テコ入れは充分ではなく，上位層と下位層との二極化が鮮明になってしまったのもこの教育改革によってである。

　このような状況のなか，思考の単位が個人主義化していき，マクロな視点でみて，国や社会へのアイデンティティも希薄になった。他方，ミクロな視点では，学校空間において他者との協働的な関係性がもてない時代でもある。それはひとり子どもたちだけにとどまらず，教員集団においてもいえる。成果主義，業績主義が，結果として教員相互の結びつきを断絶し，組織全体のパフォーマンスを低めていることは，しばしば指摘されるところである。

　「小さな政府」を志向する社会で，公的な支援を最小限に，その他は「自由な選択」と「自己の責任」においてというスローガンによって，公教育の自明性自体が揺らぎつつある。責任ある個人による自由な選択は，古典的な自由主義においても希求されてきた行為である。

　学校空間における他者との協働的な関係性の消失は，1998年には「学級崩壊」という衝撃的な言葉でマスメディアに大きく取り上げられた（6月19日のNHKスペシャル「広がる学級崩壊」と11月15日にはじまった『朝日新聞』の連載「学級崩壊」により「学級崩壊」という言葉も爆発的に広まることとなった）。

　このような状況を反省的批判的に捉える教育哲学者苫野は，「ポスト新自由

主義」の教育として「学びの個別化・協同化・プロジェクト化」による「学びの共同体」構築の重要性を説く。「学びの個別化」は90年代に子どもの個性を尊重する教育の方法原理として日本においても議論の俎上にのってきたが，古くは20世紀初頭の「新教育」，とりわけアメリカ進歩主義教育の実践に採用された考え方の一つである。近代以降，学校教育の方法原理は一斉教授と画一的内容という2つの性格に支えられて，いわゆる「マス・プロ教育」の展開を可能にしてきた。その過程においては，本来多様な在り方をしている子どもたちが均質化して扱われそれぞれの子どもたちの「個性」が無視されることから，「落ちこぼれ」問題がその結果として生じた。

　苫野も断っているように，彼の提唱する「学びの協同化（協同的な学び）」は，かつて2006年に佐藤学が主唱した「学びの共同体」からヒントを得ている。「学びの協同化」においては，児童，生徒同士の「学び合い」を通して，「教師一人の授業力に頼りすぎるのではなく，多様な子どもたちの力を持ち寄ることで，全員の実りある学びを達成すること」が目指される（苫野 2014：107-108）。このような目的のもと，教師に求められるのは，従来型の一斉授業の上手さではなく，子ども一人ひとりの学びを支え導くファシリテートする力量である。

## 4　「自発的，自治的な活動」──学校は社会の縮図

### (1) 民主主義社会の形成者として

　特別活動の目標に関しては，小学校において「集団の一員としてよりよい生活や人間関係を築くことへの関心・意欲を高め，諸問題の解決に向けて思考・判断を深めるとともに，実践を通して集団活動を行うのに必要な知識や技能を身に付けるよう，学級や学校の集団の育成上の課題や発達の段階に応じた課題に即して適切に指導」され，中学・高等学校において「特別活動の体験を通して育成された集団成員としての態度は，家庭や地域社会の一員として，さらには将来において広く社会の成員として，望ましい行動を自ら選択，決定していくための基盤ともなっていくことが期待される」と解説されている。初等教育

段階から中等教育段階の過程で，児童生徒たちの集団参加のフィールドが学級，学校集団の単位からより広い社会へと拡大するよう，指導上配慮されている。学校は，子どもたちにとって，まさに社会の縮図となる。

> ……すなわち，その子どもの正常な身体上の発達，読み・書きの能力の向上，地理・歴史についての知識の増加，マナーがよくなること，機敏・秩序・勤勉について習慣づけることなどについての進歩が列挙されるのは当然のことである。このような基準に照らして，わたしたちは学校の課業の適否を判断するのである。そのようなやり方は，それなりに正当なことではある。だが，そのような視野の狭い学校の観方は，拡大されなければならない。……社会がみずからのために達成してきたすべてのものは，学校という機関をとおして，その社会の未来の成員の手に委ねられているのである。社会はそれ自体についてのよりよい思想を，未来の人たちの自己に開かれている新しい可能性をとおして，実現するよう期待するのである。ここにおいて，個人主義と社会主義は一体になる。社会は，社会をつくりあげているすべての個人の十全な成長にそむかないようにすることによってのみ，いかなる場合でも，社会自体に対して誠実でありうるのである。さらに，そのようにして社会によって得られる自己指導という点からすると，学校ほど重要なものは他にない。　　　　　（デューイ，1988）

　上は1899年にデューイ（Jon Dewey, 1859-1952）が著した『学校と社会』（*The School and Society*）のなかの一節である。彼は学校を萌芽的で典型的な社会生活を送ることのできる共同社会的形態にすることによって，学校教育を通して子どもたちに民主的な社会の形成者に育成することを企図した。まさにそこにおいてはデューイの「為すことによって学ぶ（learning by doing）」という言葉が示しているように，子どもたちは日常生活に結びついた社会問題を発見し，学校教育を通して，その問題解決を主体的協働的に探究することによって社会性を身につけていくよう企図されたのである。したがって，学校において子ど

もたちが取り組む問題は社会から切り離されたバーチャルな問題ではなく，まさにリアルな社会と直結したものであった。こうしたリアルな社会と直結した問題は，知識としての教育内容のみならず，知識を得るための学び方も含まれていた。それをデューイは協働という概念として提示し，民主主義社会における教育を，個人が知識を得て知的になるという個人主義的なイメージとしてではなく，他者との協働によって個人も知的になると同時に社会がコミュニカティブになっていくという個と社会のダイナミズムとして描いた。

戦後の我が国において民主主義的人格の形成が謳われた背景に，こうしたデューイの教育理論が強く影響していたことは改めて指摘するまでもない。

## （2）行為像として集団形成構築を考える

戦後70年が経過した今日において，ことに特別活動において，デューイを起源とする問題解決の主体的協働的探究としての教育を基調に，学級，学校のなかでの児童生徒の集団づくりの重要性を説く声は多い。たとえば19年間の教師経験を経て上越教育大学で教鞭をとる赤坂真二は，最近の学級経営に関し，人間関係づくりが目的化されていることを危惧する。赤坂によると学級づくりにおいては人間関係づくりが目的ではなく，「その上に成り立つ課題解決集団の育成を目指すべきである」とされる（赤坂 2013：17）。目指されるのは，良好な人間関係はもちろん，目的を共有する課題解決集団づくりである。「学級づくりとは，最初『群れ』の状態の子どもを『団』つまりチームという課題解決集団に育てる営み」と赤坂によって述べられているように，ここに言われる課題解決集団は，特別活動で構築が目指される準拠集団の別言である。

群馬県における有志の教育サークルから全国的な活動へと広がった「道徳教育改革集団」を率いた深澤久は『鍛え・育てる――教師よ！「哲学」を持て』のなかで，教育の指導原理のコアに「行為像を持つ」ことの重要性を訴えている。深澤は言う。「教師の行う指導の分析・検討は，その教師の発した指導言に対してだけではなく，目指すべき子どもたちの行為像に対して行われなければならない。行為像の検討を通して初めて，子どもたちの持つ可能性やふさわ

しい指導言のあり方が明確になっていく」(深澤 2009：70)。特別活動の指導原理においても，個人および集団としての子どもの行為像が核にすえられなければならない。この場合，めざすべき行為像としては学習指導要領に掲げられているように「望ましい集団活動」であり，別言すると子どもたちによる自発的・自治的活動であると同時に「学びの共同体」成立要件でもある。

　まず集団のスタート地点である「所属集団」状態においては，教師と子ども，子ども同士の人間関係ができていない。集団における「ルール関係」も構築されていないなか，それぞれが緊張関係にあるといってよい。この時点で，「望ましい集団」形成のためのルールを設定することが重要となるが，教師だけでなく児童生徒自身にルールづくりに取り組ませることが集団への主体的参加を可能とする。児童生徒によって合意形成が得られ設定されたルールは，「みんなでつくったルール」として，みんなで守ることを原則に遵守を徹底し，教室，学校を「ルール関係」の機能する空間にしていく。ちなみにこの段階までは，教師のリーダーシップ優位で進んでいく。

　次の段階は協働する仕掛けを用意することである。「ルール関係」に基づく教師主導による集団活動は一見すると統率がとれているように見えても，基本的には児童生徒と教師との縦のつながりが強く，児童生徒同士の横のつながりが希薄な状態である。こうした状態から児童生徒の横のつながりを構築していくには，彼らが協働して問題解決する「問題」(課題)が必要となる。学習においても教師主導で知識を教え込む授業ではなく，話し合い学習等のグループワークを通して子ども同士が意見交換によって自己開示できるような機会が多いと，集団における横のつながりが形成されやすい。前述した「学びの共同体」を2002年度から実践し，「行為(像)」のレベルでその検証を行った学校として大分県別府市の青山小学校の事例が2012年に『大分合同新聞』の記事として掲載されている。それによると普段の授業では机を「コの字形」に配置し，話し合い場面では意見交換が充実しやすいよう男女4人組のグループを構成するという。集団としては「互いを受け入れる共感的な学級風土が培われ」，個人の学習意欲も高まり自信もついたという分析がなされている。ここでは教師

のリーダーシップは潜在化し，代わって子どもたちの協働が顕在化している。協働がうまく機能するようになるとともに，教師主導という性格は薄れ，子どもたち自身の自由度も高まってくる。

　そして最終的には，教師の指導が入らなくても，自分たちを自分たち自身で律していく自治集団になるよう，集団のスケールを拡大していくことが重要になる。班や係から学級，学級から学年，学年から学校全体へと自治集団が広がれば，全校児童生徒による「自治の城」としての学校が完成する。その際，行為像としては，児童生徒一人ひとりが自分で自分を律するという自己統治がなされる状態である。しかしこうした変化は一朝一夕にはなされないし，一足飛びにも実現はされないことはいうまでもない。「特別活動」を中心とした「望ましい集団」形成の過程における担任はじめとする教員の日々の地道な働きかけの質にかかっている。

　本章で確認したように，今日子どもたちはコミュニケーションに関連してさまざまな課題をもっている。こうした現状をふまえ，「特別活動」の指導は，「つながらない」「つながりをもたない」子どもたちをどうつなぎ，どう「望ましい集団」へと導くかという課題をもつ。今日問題視される子どもたちの「アパシー」や「自己肯定感（自尊感情）の低さ」も，「望ましい集団」のなかでの協働を通して克服が期待される「病理」であり，その意味では「特別活動」は子どもたちのかかえる病理現象打破にとっての「希望」となる可能性をもっている。

**参考文献**

赤坂真二（2013）『スペシャリスト直伝！　学級を最高のチームにする極意』明治図書。
片田珠美（2010）『一億総ガキ社会──「成熟拒否」という病』光文社。
近藤卓（2010）『自尊感情と共有体験の心理学──理論・測定・実践』金子書房。
城繁幸（2006）『なぜ若者は3年で辞めるのか』光文社。
菅野仁（2009）『友だち幻想──"人と人のつながり"を考える』ちくまプリマー新書。
土井隆義（2008）『友だち地獄──「空気を読む」世代のサバイバル』ちくま新書。

デューイ，J.（市村尚久訳）(1998)『学校と社会・子どもとカリキュラム』講談社学術文庫。
苫野一徳（2014）『教育の力』講談社現代新書。
内藤朝雄（2009）『いじめの構造――なぜ人が怪物になるのか』講談社現代新書。
中村功（2004）「携帯メール」『AERA MOOK コミュニケーション学がわかる』朝日新聞社。
根本橘夫（2005）『傷つくのがこわい』文春新書。
深澤久（2009）『鍛え・育てる――教師よ！「哲学」を持て』日本標準。
古荘純一（2009）『日本の子どもの自尊感情はなぜ低いのか――児童精神科医の現場報告』光文社。
裵岩奈々（2011）『○のない大人　×だらけの子ども』集英社新書。
「『学びの共同体』10年目」『大分合同新聞』(2012年7月14日朝刊)。
「熊本市内の中学生――自分を傷つける行為7％」『熊本日日新聞』(2014年4月12日朝刊)
文部科学省（2008）『小学校学習指導要領解説　特別活動編』（平成20年8月）東洋館出版。
文部科学省（2008）『中学校学習指導要領解説　特別活動編』（平成20年9月）ぎょうせい。
文部科学省（2009）『高等学校学習指導要領解説　特別活動編』（平成21年12月）海文堂出版。

（山本孝司）

第11章

# 学級・学校集団の理論

　学校において児童生徒たちの生活が行われる最小単位は学級である。学校における授業は一人の学級担任（中学・高等学校にあっては教科担任）によって学級単位で行われてきた。ティーム・ティーチングによる複数担任制が採用される場合もあるが，今日でも基本的には学級担任（高等学校においてはホームルーム担任）が主となり学級経営を行っていることには変わりはない。とはいえ，それは制度としてみた場合であり，学級の風景は今日大きく様変わりしている。

　本章では今日の学級・学校における集団の変質とそのことによって発生した課題について取り上げたうえで，そうした変質した現状，課題に対応すべく組織論，指導論という2つの視点から学級・学校集団の理論について述べていく。

　さらに三隅，ベニスのリーダーシップ理論を参照しつつ，今日の学級，学校におけるリーダーシップ教育のあり方について考える。

## 1　今日の学級・学校集団の現状と課題

　かつては学校における集団，とりわけ学級については，「学級王国」という言葉が存在したように，担任の強力なリーダーシップの下での独立性の高い集団というイメージがあった。反面，他の教師との協働，保護者や地域との連携を推進する観点からは，この言葉は学級のもつ閉鎖性，排他性の代名詞でもあった。いずれにしても，善悪の価値判断は置くにせよ，教室が担任教師による制御可能な空間という前提にたった表現である。今日ではこうした状況は一変

している。「学級崩壊」という言葉が登場するのが1990年代であったが，この言葉によって表された教室空間は，従来担任教師によって制御された秩序が崩壊してしまい，代わって子どもたちによって創造された無秩序が支配する場になってしまった。こうした「学級崩壊」は学級・学校集団の変質を表す極端な例であるが，いずれにしても「学級王国」という言葉がまだ生きていた時代とは今日の教室空間における集団のあり方は大きく異なってきている。そこでまず，今日の学級・学校集団を特徴づける点を，学校内外の環境変化から浮き彫りにしてみたい。

## (1)「脱力系」文化の時代

諸富祥彦は，今日の教室空間における教師の権威が廃れた原因の説明として，学校を取り巻く文化的環境の変遷に目を向ける。諸富は今日の文化的環境を「まじめ頑張リズムの時代」から「快楽主義の時代」を経た「脱力主義の時代」として特徴づける（諸富 2013：59-64）。

「脱力主義の時代」へと至る過程で，「まじめに頑張ることの価値」が失われ，頑張ることや耐えることの価値自体が相対化されていった。もとより学校教育自体が，こうした「まじめに頑張ることの価値」を教えてきたし，こうした価値観の共有が，学校教育の自明性を保証してきた。「何が善いか悪いかはその人次第」とうそぶく若者が増加したのも，今の時代の特徴といえる。こうしたまじめに頑張ることの無価値化とともに「下流社会」という言葉も登場する。かつて「一億総中流社会」といわれた時代には，ほとんどの人々が自らを「中流階層」に位置づけていた。今日では特に若者を中心に「下流化」傾向にあるといわれる（三浦 2005：6-9）。最近，さまざまな領域で「格差」が取り上げられるようになっているが，ここにいう「下流」は経済に限定した領域での「生活困窮者」と同義ではない。またポスト団塊世代で「三無主義」（無気力，無関心，無責任）を行動原理にした「しらけ世代」とも今日の「下流志向」「脱力系」は異なる。ポスト団塊世代は個人生活優先，モラトリアムという点では今日の「下流志向」「脱力系」と共通しているが，「ノンポリ」という点では，

それまでの過激な政治闘争に対する反動として逆説的に政治色を反映させた世代である。経済的な背景としてはバブル経済へと突き進んでいた時代であり，可視的な現象としては，速度は衰えたとはいえ，まだまだ右肩上がりの経済成長が存在した。個人生活優先という個人主義化が進みつつも，そのなかでの自己実現には希望も存在していた。要は「天下国家」を論じることをやめ，マイホーム主義に代表される半径数メートルの幸せを求めた世代である。

　それに対し，今日の「下流志向」「脱力系」の背景にあるのは一言でいえば「アノミー」である。今日の子どもたちに関しては，良くいえば「現実主義的」であり，悪くいえば「夢や希望をもっていない」。田中智志は教育思想研究の立場から，こうした脱力系の子どもたちのなかに「浮遊感覚」を見出し，次のような気分を例として挙げている。すなわち「将来は退屈でありきたりだという思い。目的をもてずただまったりとする毎日。その日にやりたいことだけをやる毎日。人生をかけるような企ての放棄。『いじめ』の陰湿さ，『カルト』『オタク』の自閉性，『私さがし』の内向性」である（田中 2002：54-55）。

（2）スクール・カースト

　鈴木翔（解説本田由紀）『学校カースト』（2012）では，学校空間には生徒同士の関係上，自然発生的に序列が形成されることが示されており，この序列は「スクール・カースト」という言葉で表現されている。スクール・カーストは，主として中学校・高等学校において発生し（早くは小学校高学年で発生），いじめや不登校の遠因となることもある。

　もともとは『いじめの構造』のなかで森口朗が取り上げた言葉で，「クラス内のステイタスを表す言葉として，近年若者たちの間で定着しつつある言葉です。従来と異なるのは，ステイタスの決定要因が，人気やモテるか否かという点であることです。上位から「一軍，二軍，三軍」「A・B・C」などと呼ばれます」と説明される（森口 2007：41-42）。

　従来は成績の良い児童生徒，教師の指示に素直に従う児童生徒が「良い子」とされ，「良い子」はクラスでも活発な子どもであった。それに対し今日の教

室空間では「モテるか否か」という曖昧な指標によって，クラスにおいて子どもたちは自らを位置づけられている。こうした変化に関して，本田由紀『多元化する「能力」と日本社会——ハイパー・メリトクラシー化のなかで』では，従来の「メリトクラシー」から「ハイパー・メリトクラシー」という能力観へと今日移行しつつあることが指摘される。この能力観の下では，従来の比較的評価基準のわかりやすい能力から，さまざまな定型化されない能力が求められるようになっている。たとえば，今日「○○力」という言葉を頻繁に耳にする。学校教育に限定してみても，学力のみならず，意欲や創造性，対人関係能力など子どもたち「個々人の全存在が洗いざらい評価の対象とされる」（本田 2005：248）。実際にスクール・カースト上位の子どもとスクール・カースト中位の子どもとの間に，学業成績の差は認められない。

　このように全存在の評価によって位置づけられる教室内におけるカーストは，もちろん可変的であるが，上位から下位への方向はあっても，下位から上位への方向に移動することは稀であるとされる。いずれにせよ，教室内カーストの位置づけによって，子どもたちは自分のキャラが決まり，それに応じた「行動規範」に従って学校生活を送っているとされている（鈴木 2012：189-204）。

　他方，教師の目には，スクール・カースト上位の児童生徒についてはコミュニケーション能力が高く映り，下位の児童生徒はこうした能力が低く映ることも事実であり，そのため教師の方でも学級集団の運営に際して，スクール・カースト上位の児童生徒の「指導性」，集団をまとめる力を利用する場合が多々ある。

（3）多様な子ども
　今日，子どもたちが多様なニーズをもっていることを前提とした支援のあり方が論じられるようになっている。とりわけ2007年度の学校教育法の改正によって特別支援教育が導入されて以降，発達障害をもつ子どもたちへの支援のための研修，体制づくりが急ピッチで進められてきた。2012年の文部科学省の調査によると，発達障害の可能性がある小中学校の児童生徒は6.5%。最近では

中学校から97％が高等学校に進学するが，高等学校では未だ発達障害に対応する環境整備が整っていないというのが現状である。いずれにしても小中学校，高等学校のクラスに学習障害（LD），注意欠如・多動性障害（ADHD），自閉症スペクトラムの児童生徒が通級しているのが今日のノーマルな姿となっている。

　さらに最近では「LGBT」という，いわゆる「性的少数者」の問題も学校教育で取り上げられるようになってきた。「LGBT」とは，性指向にかかわる「レズビアン（L）」，「ゲイ（G）」，「バイセクシュアル（B）」，性自認にかかわる性同一性障害などの「トランスジェンダー（T）」の略である。そのうち性同一性障害については，2014年度に文部科学省は全国のすべての小中高校を対象とする初の実態調査を開始した。性同一性障害の子どもたちは，制服やトイレ，更衣室等，男女の区別がある場面で耐えがたい苦痛を感じているとされる。熊本県性教育研究会会長で「ともに拓くLGBTIQの会くまもと」代表を兼ねる今坂洋志氏によると，現在日本国内に600万人の性的少数者が存在するという（『熊本日日新聞朝刊』2014年7月4日）。この今坂氏の発言に先立ち，電総研は2012年の調査で，全体で5.2％の性的少数者がおり，そのうちLが0.1％，Gが0.3％，Bが0.7％，Tが4.1％を占めていると報告していた。

　ここに挙がっている発達障害，LGBTをはじめとして，子どもたちの多様性に配慮しつつ，それぞれのニーズに応じる指導も必要とされるようになっている。

（4）友だち先生

　子どもたちの変容の一方で教師も変容している。教師聖職者論が唱えられたのははるか遠い昔で，途中，一部の教師によって自らを単なる「労働者」に貶めた時期もあったが，今日では一人の人間であることが強調される。「教師＝（特別ではない）普通の人間」という教師像である。そして「一人の人間」としての教師像の派生形として，近年，学校現場では「友だち先生」の割合が増えていると聞く。この「友だち先生」は，教育関係において，教師と生徒との権力関係を解消し，両者の対等な関係を強調する際に使用される言葉である。

巨視的にみたときのこの現象の背景としては，学校のみならず医療・保健・福祉等「施設」的な場におけるパターナリズムに対する批判，否定を含む「民主」的イデオロギーが存在する。さらに，「大人」と「子ども」の境界性が曖昧になっていることも影響している。「上下関係」を「前近代的で封建的な権力関係」という言葉で捉える人々の間では，上下関係を「悪」と見なし，それを廃することが社会正義との錯覚がもたれている。
　社会関係において「絶対的平等」「無差別平等」を希求し，対人関係を水平的関係に置き換えていく動きは，いたるところで散見される。「人間」という上位概念で，「教師」と「生徒」，「大人」と「子ども」を短絡的に等値する考え方は，一見すると「進歩的」教育論のように，耳に心地よく響くものの，果たして教育関係における，こうした極端なロマン主義思想は，実効性を有するのだろうか。
　このような子どもと大人との関係におけるフラット化と同時進行的に教室空間に生じているのが，規律やルールよりも「ノリ」や「空気」が重視される「フィーリング共有関係」である。こうした「フィーリング共有関係」においては，大人として，教師として，子どもたちに屹立する責任感が欠落してしまう危険性もはらんでいる。典型的な事例は1986年に中野富士見中学校で起きた「葬式ごっこ事件」である。死に追いやられた生徒に対して「葬式ごっこ」という「遊び」がなされ，その「遊び」のなかでその子に向けて書かれた「死んでくれてありがとう」等のメッセージが並ぶ「色紙」のなかに，担任を含む4人の教師の署名が含まれていた。教室の「ノリ」「空気」に動かされて，"one of them"として子どもたちに教師が同化してしまった結果である。
　このような子どもたちにおもねる教師の背後には，ポピュリズム（大衆迎合）的心理がある。教師自身が「良い子志向」を行動原理としており，「子どもたちから良く見られたい」，「子どもたちに嫌われたくない」という意識を強くもっている。彼らは，いわゆる児童生徒たちにとって「ものわかりのよい教師」であり，彼らの経営する学級は「なれ合い型学級」となっている場合が多い。

菅野仁は，教育現場におけるこうした「上下関係」（非対称的関係）の重要性を改めて確認し，こうした関係の再構築のために「フィーリング共有関係」ではなく「ルール関係」の支配する空間に教室を変えていくことを推奨する（菅野 2010：21-34）。

　フィーリング共有関係は「友だち重視志向」という同質的共同性が求められる日本の学校においては，それぞれの成員に，ある程度求められる関係である。「僕たちは同じように考えているし，同じ価値観を共有して，同じことで泣いたり笑ったりする，結びつきの強い全体だよね」という感じで，クラスもこの関係を核に運営されることがしばしばある。こうしたフィーリング共有関係がうまく学級経営として機能する場合ももちろんある。しかし，過度にこの関係が目的化される場合には，教室のノリ，空気を壊すとして教師の指導言が児童生徒たちに入っていかず，教師という存在すらも時として集団から排除されてしまうことが起こっている。

## 2　学級集団づくりの理論

　上にみたような学校内外における子どもたちの一般的特性，教室空間における子どもたちの集団的特性，そこにかかわる大人としての教師像の変容をふまえ，今日の学級・学校集団をどのように経営すべきかをここでは考える。

### (1) 組 織 論

　新学期はじまってすぐの学級集団は「烏合の衆」である（第10章においては「所属集団」と表現した）。一般に，異なる人間が同じ空間で同じカリキュラムで生活をしようとすると，何らかのルールが必要とされる。学級集団の組織に関連して「ルール確立」の程度に応じて河村茂雄は，学級の状態を5つの段階に分けている。以下，河村の段階分けに従い，それぞれの段階の教室空間の特徴についてみてみたい（河村 2012）。

〈第一段階(混沌緊張)〉「無秩序」
　第一段階では，子どもたちの間に人間関係がほとんどない状態である。子どもたちは2，3人で固まり，他の子どもたちの目を意識し，相互に牽制し合うという状態である。対教師でみると，教師の反応をさぐって，「ためし行動」のみられるのもこの時期である。

〈第二段階(小集団成立期)〉「ルールの確立30％」
　第二段階は，学級内に3，4人グループがいくつか出来上がり，子どもたちがグループを意識した行動をとり始める状態である。この時期には，グループ内のメンバーだけで共有する「ルール」ができたり，場合によってはグループの成員たちの共通の敵がもたれ，小グループ同士で対立しあうこともある。

〈第三段階(中集団成立期)〉「ルールの確立60％」
　第三段階は，学級のルールがかなり定着し，小グループ同士のぶつかり合いの結果，一定の安定が得られ，勢いの強いグループを頂点に階層化が進む状態である。勢いの強いグループを中心に，複数の小グループが連携でき，学級の半数の児童生徒が行動を共にできる状態である。

〈第四段階(全体集団成立期)〉「ルールの確立80％以上」
　第四段階は学級のルールが児童生徒にほぼ定着して，それ以外の学級全体の流れに反したりする児童生徒の小グループともある程度折り合いがついて，学級のほぼ全員で共に行動ができるようになる状態である。

〈第五段階(自治的集団成立期)〉「ルールの確立80％以上で分散すくない」
　そして最後に第五段階において，学級のルールがそれぞれの児童生徒に内面化され，クラス全員が一定の規則に従って行動し，教室内に支持的雰囲気が確立されることで，児童生徒が自他の成長のために協力できる状態である。

　ここにみられるように「ルール関係」の構築具合でみたとき，バラバラから小グループへ，小グループ同士の乱立から小グループ同士の協働へ，そしてグループの枠を越えた学級へというステップとなっている。

## （2）指導論

　上にみた5段階は，河村の別著書『教師のためのソーシャル・スキル』において，「学級集団としてのまとまり」という観点から，第1段階を「低い」，第2段階を「やや低い」，第3段階を「やや高い」，第4段階，第5段階を「高い」という風に分けられ，それぞれの状態における教師の対応について説明がなされている（河村 2002：127-167）。ここでも河村による説明をたよりに，学級集団の組織における教師の対応について述べていく。

　①「低い」状態：教示的対応
　　この状態では，a 子どもたちが集団不適応にならない配慮，b 集団を形成するためのシステムづくりという2つが対応目標となる。
　②「やや低い」状態：説得的対応
　　小グループごとに可動的状態にあるルールを定着させ，集団がまとまる方向づけを行うことが目標となり，このときの教師の対応の指針のキーワードとなるのが「説得的」である。ルールに従う行動の必要性を，丁寧に説明し，児童生徒に納得できるよう理解させることが必要である。
　③「やや高い」状態：参加的対応
　　小グループが乱立している状態から，ある程度まとまりがみられるようになって，学級集団機能も成立してきている状態である。この状態における教師の対応は，学級としての集団活動を数多く体験させるための仕掛けを用意することである。その間，徐々に教師の教示的対応から一歩引いた形で児童生徒の活動に参加するように移行することが重要である。このような点から対応の指針としては「参加的」であることが目指される。
　④「高い」状態：委任的対応
　　学級集団の機能が成立しているのみならず，そのもとで児童生徒が自主的自発的に行動できるようになってきた状態である。この状態においては，児童生徒の自主的自治的活動を見守ることが目標となり，対応のあり方としては「委任的」である。

最初基本的なルールを作成するのは教師の責任である。したがってはじめのうちは教師主導で「学級のしくみ」づくりは進んでいき，最終的には児童生徒の自治的集団が築かれるという段階進行になっている。とはいえ，今日の「学級のしくみ」づくりがどの学級においてもうまくいっているとはいえないようである。河村によると，集団としてのまとまりが「高い」状態（学級集団発達の過程に関する五段階のうち第四段階以上）の学級の比率が半分を割っていること，1年間経っても「やや低い」状態（第二段階）の学級が2，3割はあること，「崩壊した集団」や「荒れ始めている集団」などの教育的環境とはみなせない学級が1割はあることが指摘されている。

　こうした失敗事例は，前節でみた今日の子どもたちと教室空間の変質ならびに教師の自己認識の変化も影響しているものと思われる。脱力系の子どもたちが増え，何かの目標に向かって集団はおろか個人で努力することにすら重きが置かれないとすると，学級集団のまとまり以前の問題である。

　またクラスが小グループに分かれた状態で，グループ間の力関係が固定的で露骨である場合は「スクール・カースト」による教室空間の支配という事態に陥る可能性がある。さらに児童生徒との「フィーリング共有関係」を重視し，彼らとの間に「ルール関係」を築くことを不得手とする「友だち先生」にとっては，学級集団のまとまりの成熟を意味する「ルールに従った児童生徒による自主的自治的な学級経営」など夢物語である。

　子どもたちとの良好な人間関係を築くことは，もちろん学級，学校集団の経営にとって重要ではあるが，教師が子どもたちに対して大人として屹立し，クールな眼差しで事柄志向的に彼らを扱うことも必要である。とりわけ学級，学校集団を「ルール関係」に従って運営しようとする場合はそうした姿勢は必須となる。

## 3　リーダーシップ理論からみた学級，学校集団

　学級・学校集団におけるリーダーシップ教育は，学級委員，児童生徒会執行

部という限定された児童生徒たちに限定して考えられがちである。しかしリーダーシップが集団および他者を前提とした影響力であることを考えると，限られた児童生徒だけでなく，すべての児童生徒に育成することが望ましい力であろう。

以下，三隅二不二とウォレン・ベニスのリーダーシップに関する理論を参考に，学級，学校で育成すべき「リーダーシップ」について考えてみたい。

## (1) PM 理論（三隅二不二）

リーダーシップに関する理論として有名な三隅の PM 理論によれば，集団が発展するためには2つの機能が必要とされる。すなわち「目標達成機能」(Performance；以下「P機能」と略記) と「集団維持機能」(Maintenance；以下「M機能」と略記) である（PM 理論は英字表記の頭文字をとったネーミングである）。このP機能とM機能の主体となるのがリーダーであり，この機能を満たす行動特性をそれぞれP行動，M行動としたときに，その水準の高低の組み合わせによって図11‑1のようにPM型，P型，M型，pm型の4つのリーダーシップスタイルに分かれる。

PM型は，P行動，M行動ともに高い水準を満たし，的確な指示，助言と成果のフィードバックを実践するとともにフォロワーの気持ちに配慮し，フォローを行えるタイプである。この型はリーダーシップを発揮するにあたり理想的なタイプである。

P型は，P行動の特徴であるフォロワーへの指示，命令に重点が置かれ，短期的には一定の成果は望めるものの，中長期的にはフォロワーへの精神的フォローがないと彼らのモチベーションを低下させてしまう結果になる。

他方M型はM行動の特徴であるフォロワーへの気遣いに重点が置かれ，良好な人間関係を築くことが可能である反面，課題解決にあたっては明確な方針が示されないと具体的な成果に恵まれない場合がある。

pm型に関しては，課題解決のための目標設定，支持，助言等のP行動，集団内の人間関係を良好に保つためのM行動のいずれの特性も低いため，満足

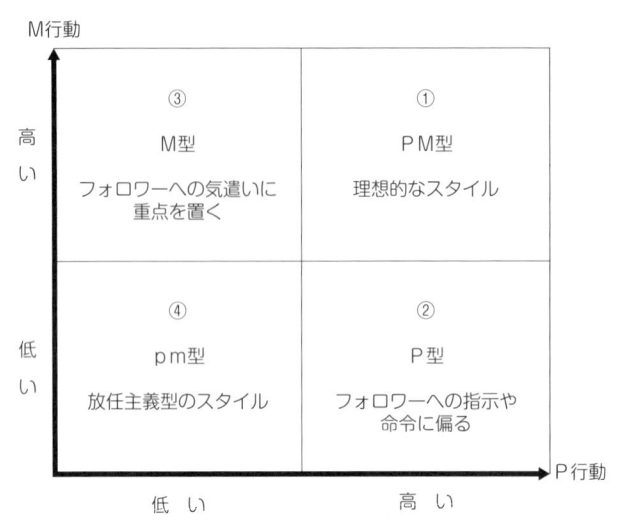

```
         M行動
          ↑
          │   ③          │   ①
     高    │  M型         │  PM型
     い    │ フォロワーへの気遣いに │ 理想的なスタイル
          │   重点を置く    │
          ├──────────────┼──────────────
          │   ④          │   ②
     低    │  pm型        │  P型
     い    │ 放任主義型のスタイル │ フォロワーへの指示や
          │              │   命令に偏る
          └──────────────┴──────────────→ P行動
              低  い          高  い
```

図11-1　PM理論によるリーダーシップのスタイル
(出所)　小野 (2013) を基に作成。

度，生産性いずれも低い（図11-1）。

　学級，学校においても，児童生徒のなかにはP機能を発揮することが得意な子もいれば，M機能を発揮することが得意な子もいる。リーダー育成という観点からは，学級，学校においてもこのP機能，M機能どちらも伸ばしていくような配慮が必要となる。

(2) 自己肯定感とワレンダ要因（ウォレン・ベニス）

　南カリフォルニア大学リーダーシップ研究所教授ウォレン・ベニス（Warren Bennis, 1925-）は組織変革のためのリーダーシップについて考えたが，彼によって自己肯定感と，ワレンダ要因と呼ばれる結果のイメージ（外的な環境の見通し）がリーダーシップ発揮に関係していることが指摘されている。

　ベニスはリーダーシップを自己肯定感とワレンダ要因を縦軸と横軸にとって次の4つのタイプに分類している。この分類では，自己肯定感が高く，ワレンダ要因が肯定的である，すなわち楽観的な見方をもっているタイプが，効果的

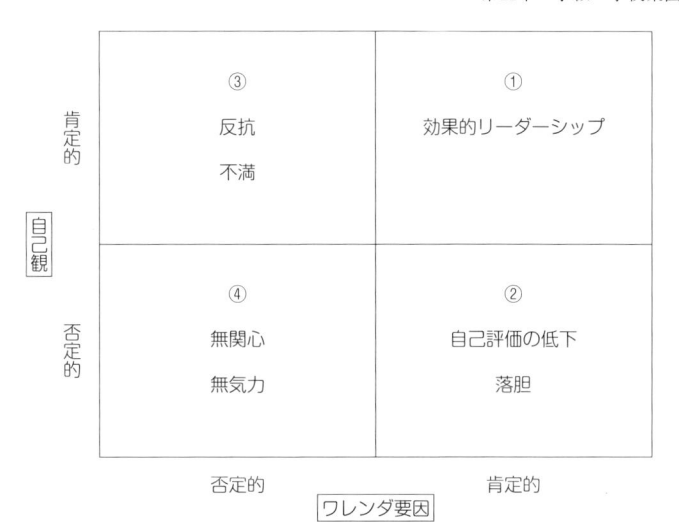

**図11-2　ベニスのリーダーシップ理論概念図**

（縦軸：自己観　肯定的／否定的　　横軸：ワレンダ要因　否定的／肯定的）

① 効果的リーダーシップ（自己観：肯定的、ワレンダ要因：肯定的）
② 自己評価の低下／落胆（自己観：否定的、ワレンダ要因：肯定的）
③ 反抗／不満（自己観：肯定的、ワレンダ要因：否定的）
④ 無関心／無気力（自己観：否定的、ワレンダ要因：否定的）

① 自己観もワレンダ要因も肯定的
　いかなる自分自身に対して自信をもち，なおかつ課題解決に向けて楽観的な見通しをもっているタイプである。効果的なリーダーシップを発揮するためには，自分自身に対しても，課題解決に対しても肯定的に捉えていることが求められる。

② 自己観が否定的でワレンダ要因が肯定的
　課題解決自体は達成不可能ではないものの，うまくできる自信がないタイプである。この場合，自信がもてないことから課題に対するモチベーションが上がらないという状態である。

③ 自己観が肯定的でワレンダ要因が否定的
　自信はあるが，課題解決に対しては，その成果を評価してもらえないという不安をもっているタイプである。ここから集団に対して不満をもったり，反抗的になったりしてしまう場合もある。

④ 自己観もワレンダ要因も否定的
　この場合は，自分に対する自信もないし，課題解決に対するイメージもネガティブである状態である。チャレンジ精神も欠如し，課題に対しても無気力になってしまう可能性がある。

（出所）　小野（2013）を基に作成。

なリーダーシップを発揮できると結論づけられている（図11-2）。

　ベニスのリーダーシップ理論に従えば，リーダーシップを発揮させるために教師は児童生徒の自己肯定感を高め，結果に対してある種の楽観性をもたせることが必要になる。自己肯定感を高めることと結果に対し楽観性をもたせるた

めには，児童生徒を「成功のスパイラル」へと導くことが重要である。この場合「成功のスパイラル」とは，文字通りの成功体験だけでなく，失敗も含んでおり，「人は失敗するものだ」「失敗してもいい」という前提で行動変容，改善していくことも含まれている。

第1節とのかかわりでは「脱力系」文化のなかで，いかに児童生徒に肯定的自己イメージをもたせるかが鍵になる。「脱力系」の子どもたちによる「まじめに頑張ること」の無価値化の背景には，「失敗は悪である」「失敗したくない」という意識が存在し，それに対する自己防御的態度のあらわれとしての「まじめさ」の否定という意味合いももつ。こうした子どもたちに失敗は許されること，挽回のできる失敗は大いに歓迎すべきであるというメッセージを伝えることで彼らのチャレンジ精神を触発することが，彼らの自己観，ワレンダ要因を肯定的なものへと転換することになる。そして個人のみならず，集団のなかでの個人として，課題解決に向けての役割を意識することで，彼らの成功体験も社会性を帯びることになる。

また，多様性が認められない状態では，ややもすると辺縁へと排除されてしまう子どもたちは，学校教育のなかで失敗体験を繰り返すことによって，自己肯定感を低下させ，ワレンダ要因も否定的な場合がしばしばである。そのためリーダーシップ教育においても，子どもたちの多様なニーズを前提とし，特別なニーズをもつ子どもたちを排除しない学級集団，学校集団であることが求められる。

## 4　学級・学校におけるリーダーシップ教育

学級，学校における集団活動の指導に関して，学習指導要領には次のように記されている。

〔学級活動〕および〔生徒会活動〕の指導については，指導内容の特質に応じて，教師の適切な指導の下に，生徒の自発的，自治的な活動が効果的に展開されるよう

にするとともに，内容相互の関連を図るよう工夫すること。また，よりよい生活を築くために集団としての意見をまとめるなどの話し合い活動や自分たちできまりをつくって守る活動，人間関係を形成する力を養う活動などを充実するよう工夫すること。

(『中学校学習指導要領』第5章の第3の2の(1))

　ここに「教師の適切な指導の下に，生徒の自発的，自治的な活動が効果的に展開されるようにする」とあるように，学級および学校における集団活動は教師の指導性にかかっている。生徒の自発的，自治的な活動も，教師の適切な指導下に置かれなければならないことが明記されている。

　そこで児童生徒の自発的，自治的な活動が効果的に展開されるような，「教師の適切な指導」はいかなるものかを考えなければならない。大昔，とりわけ戦前の学級委員が「級長」と呼ばれていた時代には，学級委員はしばしば担任教師による指名によって決定されていた。こうした教師による「指導的」介入の下では，成績が良かったり，教師のいうことをよく聞いたりといった，いわゆる教師の覚えがめでたい児童生徒の自己肯定感を高め，彼らの成長を促すことはなされていても，それ以外の児童生徒にとっては，非教育的であった。ちなみに教師の児童生徒を見る際のバイアスに関しては，戸田忠雄曰く，教師に好かれる子どものタイプは勉強ができて先生のいうことをよく聞く「できるよい子」と勉強はほどほどだけど癖がなく，素直に先生のいうことを聞く「素直なよい子」であり，他方先生から嫌われるタイプは，勉強ができるできないにかかわりなく，先生から見て素直さに欠け，簡単には先生に恭順の意を表さない「できる悪い子」「できない悪い子」の2つの類型だとされる（戸田 2005）。

　戦後になって民主主義的思想が重視され，学級経営にも民主的な考えが取り入れられ改善されてきたが，すべての児童生徒の成長につながるようなリーダーシップ教育の実現のためには，教師の配慮と工夫がある程度「意識的」に必要とされる。次は教育界において名著の一冊に数えられる向山洋一『教師修業十年』からの抜粋である。

ぼくは、〈委員長〉などを決定する時に、選挙で決めるのに反対であった。選挙は、確かに集団を民主的に運営する上で欠くことのできない方法の一つである。それは義務教育の中でしっかりと教えられなければならない。……学校の中で言えば、多数決原理は一つの限定された中で、集団の運営の中で使用されるものであり、選挙はさらにその中の一つの形態にすぎないのである。
　選挙は公平な方法のように見えながら、実は不公平な面をたくさん含んでいる。現実の政治の選挙の中でもそうした面は見られるが、学校の中では実にはっきりしている。選挙されて選ばれる子どもは固定しているということである。その固定の幅が小さい所もあれば大きい所もある。しかし、三〇回選挙をして、三〇回とも選ばれる人がちがうということは絶対にない。いつも数名であるか、十数名であるか、二十数名であるかは別として、固定されているのである。しかも、多くの学級はこの固定されている幅は小さい。
　かくして、選挙によって特定の子どもたちは（その多くは優等生であったり人気者であるが）みんなの注目を集める役が与えられ、そのことによって自信もつき、その経験によって成長の場が約束されるのである。形式的な民主主義の方法によりかかって、内実は不公平な事実をもたらしているのである。……ぼくはそうした貴重な教育的な場を、どの子にも経験させるべきだと考えた。さらに、どの子でも、そうした役ができるはずであると考えた。それこそが、小学校教育では特に大切なのだと思った。
　委員長・係長などの選出方法を、選挙にかえて、じゃんけん・くじで決める事にした。こうすることによって誰でもがなれるという可動的制度が存在することになった。今まで〈優等生〉以外立ち入ることがなかった聖域が、誰に対しても平等に開かれることになった。　　（向山 1986：94-95）

　向山曰く、「リーダーは『何かをする』時にこそ必要なのである。何かをするから、リーダーを決めなくてはならなくなるのである。『リーダーがあるか

ら，何をする』のではない」と。それゆえ氏は「リーダーは『育てる』のではない。『生まれる』のである」と断言する（向山 1991：187）。こうしたリーダーが学級集団に生まれるかどうかは，学級全体で取り組まざるを得ないような問題（課題）にかかっている。それぞれの児童生徒が，リーダーシップ理論でみたような，教室空間における目標達成と集団維持に意識的で，自己観，ワレンダ要因において肯定的であるには，第1節で取り上げたスクール・カーストは障害となるだろう。リーダー的な存在，あるいは小グループを教師が学級経営に巧く活かすにせよ，「友だち先生」として児童生徒に迎合的に集団参加することによっては，向山の企図したような可変的なリーダー役割は期待でいない。教師自身に児童生徒との「ルール関係」を重視する「事柄志向」的であることが求められる。

　学校という枠では，児童会・生徒会が児童生徒集団による自治的活動の舞台となるが，小学校，中学校，高等学校と上級学校に進むにつれて，その活動は形骸化していく傾向にある。なんとなれば，生徒会執行部の役員についても，「めんどうな仕事」とみなされ，スクール・カースト下位に押し付けられている場合が多々見受けられるからである。こうした現状の打破は，学校を構成するそれぞれの学級で「ルール関係」が構築され，それに基づいて児童生徒が個々でリーダーシップを発揮するよう育成されてはじめて可能となろう。リーダーシップの育成は，つまるところ，集団における「王様」や「特権階級」を育成するのではなく，それぞれの成員の自己指導力を育成することである。

**参考文献**
小野善生（2013）『リーダーシップ理論集中講義——コッター，マックス・ウェーバー，三隅二不二から，ベニス，グリーンリーフ，ミンツバーグまで』日本実業出版社。
河村茂雄（2002）『教師のためのソーシャル・スキル——子どもの人間関係を深める技術』誠信書房。
河村茂雄（2012）『学級集団づくりのゼロ段階』図書文化。
菅野仁（2010）『教育幻想——クールティーチャー宣言』ちくまプリマー新書。
鈴木翔（解説本田由紀）（2012）『学校カースト』光文社。

田中智志（2002）『他者の喪失から感受へ――近代の教育装置を超えて』勁草書房。
戸田忠雄（2005）『「ダメな教師」の見分け方』ちくま新書。
本田由紀（2005）『多元化する「能力」と日本社会――ハイパー・メリトクラシー化のなかで』NTT出版。
三浦展（2005）『下流社会――新たな階層集団の出現』光文社。
向山洋一（1986）『教師修業十年――プロ教師への道』明治図書。
向山洋一（1991）『学級を組織する法則』明治図書。
森口朗（2007）『いじめの構造』新潮社。
諸富祥彦（2013）『教師の資質』朝日新聞出版。
文部科学省（2008）『小学校学習指導要領解説　特別活動編』（平成20年8月）東洋館出版。
文部科学省（2008）『中学校学習指導要領解説　特別活動編』（平成20年9月）ぎょうせい。
文部科学省（2009）『高等学校学習指導要領解説　特別活動編』（平成21年12月）海文堂出版。
「性的少数者テーマ公開授業で学ぶ　玉名市・九看大」『熊本日日新聞』2014年7月4日朝刊

（山本孝司）

# 索　引
（＊は人名）

## ア　行
愛と信頼の教育的関係　5
＊アーノルド，T.　7
アパシー　164
アボッツホーム　7
R-PDCA　136
イートン校　7
生きる力　13, 83
いじめ　17, 152
異年齢集団　57
　　──活動　159
異年齢で構成される集団　4
異年齢の役割　5
横断的・総合的な学習　80
落ちこぼれ　12
思いやり　6

## カ　行
学習指導要領　10
学習指導要領　試案　11
学習評価　101
学制　8
学級会　5
学級活動　6
　　小学校　26, 34
　　中学校　28, 41
学級目標　149
学校観　5
学校行事　5, 71, 83
　　小学校　26, 38
　　中学校　28, 44
　　高等学校　31, 49
学校評価　101
活動形態別評価規準　110
下流階級　182
＊河村茂雄　187
関心・意欲・態度　106
規範意識　54, 59

基本的な生活習慣　6
教育課程　11
教育課程審議会　12
教育基本法　10
教育勅語　8, 9
教育的雰囲気　2
教育評価　101
教科外活動　1
協働　174, 176, 177, 178, 179
　　──性　173
協同　81
　　──的　79
勤労生産・奉仕的行事　58, 66
クラブ活動　5, 6, 12, 13, 26, 37, 83
軍国主義　10
形成的評価　104
系統的知識　16, 18
言語活動　82
公共に奉仕する精神の涵養　3
公共の精神　13, 53, 65
　　──の涵養　58
皇国主義　9
国民学校　10
個人的な資質の育成
　　小学校　24
　　中学校　27
　　高等学校　29
国家主義教育　10
コミュニケーション　161
コミュニケーション能力　74

## サ　行
サブ・カリキュラム　136
思考・判断・実践　106
自己肯定感　159
自己実現活動　3, 4
自己の生き方についての考えを深め，自己を生かす能力を養う　25

199

支持的風土　77, 82
自主的・実践的な態度の育成
　　小学校　25
　　中学校　27
　　高等学校　30
自傷行為　18
自尊感情　159, 163, 169, 171, 179
自治の能力　138
質問紙調査　114
指導案　119, 127, 133
児童会　5
児童会活動　6, 26, 36, 82
指導と評価の一体化　101, 108
自発的・自治的な活動　138
社会化　5
社会参画　66
社会的な資質の育成
　　小学校　25
　　中学校　27
　　高等学校　30
社会に参画する態度　138
自由研究　11
習熟度別授業　13
集団宿泊活動　6, 60
集団宿泊的行事　58
集団や社会の一員　138
準拠集団　172, 173
小1プロブレム　14, 55, 56
小学校学習指導要領　3
少子高齢化　54
情報化　54
ショートホームルーム　67
所属意識　73
所属集団　172, 173
新教育運動　7
診断的評価　103
スクール・カースト　183, 190, 197
生活が陶冶する　7
性的少数者　185
生徒会活動
　　中学校　28, 43
　　高等学校　31, 48

総括的評価　104
総合的な学習の時間　56, 65
相互補完的関係　85

タ　行
体験活動　53, 58, 81
体験的コミュニケーション活動　74
大正デモクラシー　10
確かな学力　13, 84
探究的な学習　78
知識・理解　106
知識基盤社会　78
＊チャーチル首相　7
中1ギャップ　14, 55, 56
中央教育審議会　58
忠君愛国　9
＊デューイ, J.　176
田園教育舎　8
伝統と文化　53
天皇制国家　8
道徳教育　53, 60
道徳的価値　76
道徳的実践　75
　　──力　76
道徳の教科化　13
特別活動　2, 12
都市化　54
友だち先生　185, 197
＊ドモラン, J. E.　8

ナ　行
仲間づくり　152
人間関係　1, 5, 54, 73
人間としての生き方の自覚と自己を生かす能力の育成
　　中学校　28
　　高等学校　30
望ましい勤労観・職業観　66
望ましい集団　21
　　──活動　5, 73, 138
望ましい集団活動の展開と望ましい集団の育成
　　小学校　24

中学校　*26*
　　高等学校　*29*
　望ましい人間関係　*3, 4*

**ハ　行**
発達障害　*184*
歯止め規定　*13*
パブリック・スクール　*7*
ハロー校　*7*
PM理論　*191*
評価規準　*106, 116*
評価計画　*113*
評価の「結果説明的機能」　*103*
評価の「自己実現的機能」　*102*
評価の「授業改善的機能」　*102*
評価の観点　*112*
ファシリテーションシップ　*23*
ファシリテーター　*22*
フィーリング共有関係　*186, 187, 190*
不登校　*2*
不登校児童・生徒数　*17*
＊ペスタロッチ，J. H.　*7*
＊ベニス，W.　*191, 193*
　法的拘束力　*11*
　ホームルーム活動　*31, 46, 64, 65*
　補充，深化，統合　*76*
　ボランティア活動　*6, 13*

**マ　行**
学びの共同体　*173, 175*
マニフェスト　*149*
＊三隅二不二　*191*
民主主義教育　*10*
＊向山洋一　*195*
目標に準拠した評価　*101, 108*
問題解決的な学習　*72*
文部省告示　*11*

**ヤ　行**
優しい関係　*163*
豊かな情操　*4*
ゆとり教育　*12, 13*
よりよい人間関係　*65*

**ラ・ワ行**
リーダーシップ　*181*
リストカット　*18*
旅行・集団宿泊的行事　*66*
ルール関係　*187, 190, 197*
＊ルソー，J.-J.　*7*
＊レディ，C.　*7*
ロッシュの学校　*8*
ワレンダ要因　*192*

**執筆者紹介**（執筆順，執筆担当）

広岡 義之（ひろおか・よしゆき，編著者，神戸親和女子大学発達教育学部）　第1章・第4章

佐野　茂（さの・しげる，大阪商業大学経済学部）　第2章

砂子 滋美（すなこ・しげみ，芦屋大学臨床教育学部）　第3章

長谷川重和（はせがわ・しげかず，神戸親和女子大学発達教育学部）　第5章

上寺 常和（かみでら・つねかず，姫路獨協大学医療保健学部）　第6章

島田 和幸（しまだ・かずゆき，四天王寺大学教育学部）　第7章

名和　優（なわ・まさる，亀岡市立詳徳中学校）　第8章

杉中 康平（すぎなか・こうへい，四天王寺大学教育学部）　第9章

山本 孝司（やまもと・たかし，九州看護福祉大学看護福祉学部）　第10章・第11章

|   |   |   |
|---|---|---|
| | 新しい特別活動 | |
| | ──理論と実践── | |

2015年4月10日　初版第1刷発行　　　　　　　　　〈検印省略〉

定価はカバーに
表示しています

|   |   |
|---|---|
| 編 著 者 | 広　岡　義　之 |
| 発 行 者 | 杉　田　啓　三 |
| 印 刷 者 | 江　戸　宏　介 |

発行所　株式会社　ミネルヴァ書房
607-8494 京都市山科区日ノ岡堤谷町1
電話代表 (075)581-5191
振替口座 01020-0-8076

© 広岡義之ほか, 2015　　　　共同印刷工業・兼文堂

ISBN978-4-623-07258-3
Printed in Japan

## 教職をめざす人のための 教育用語・法規
―――――――――――― 広岡義之編　四六判 312頁 本体2000円

●194の人名と,最新の教育時事用語もふくめた合計863の項目をコンパクトにわかりやすく解説。教員採用試験に頻出の法令など,役立つ資料も掲載した。

## これからの学校教育と教師──「失敗」から学ぶ教師論入門
―――――――――― 佐々木司・三山　緑編著　Ａ５判 190頁 本体2200円

●教職「教育原理」「教職の意義等にかんする科目」向けの入門書。各章末で,現在教壇に立つ現場教員の「失敗・挫折」を扱ったエピソードを紹介,本文と合わせて,そこから「何を学ぶのか」,わかりやすく解説する。

## よくわかる教育社会学
―――――――― 酒井　朗・多賀　太・中村高康編著　Ｂ５判 210頁 本体2600円

日本における教育社会学は教育や子ども・青少年の成長に関する総合的な社会科学として発展してきた。こうした歴史と最新の動向を踏まえて,本書は,教育社会学において取り上げられる多様なテーマ,および教育現象への社会学的視点について平易な記述で紹介する。

## よくわかる質的社会調査 プロセス編
―――――――――― 谷　富夫・山本　努編著　Ｂ５判 240頁 本体2500円

社会調査の概説,歴史的展開と,問いを立てる→先行研究に学ぶ→技法を選ぶ→現地に入って記録する→収集したデータを処理して報告書を作成する,までの過程を具体的にわかりやすく解説する。

## よくわかる質的社会調査 技法編
―――――――――― 谷　富夫・芦田徹郎編著　Ｂ５判 240頁 本体2500円

質的調査のスタンダードなテキスト。調査方法の紹介とその技法,そして調査で収集したデータの分析技法をわかりやすく解説する。

――――― ミネルヴァ書房 ―――――

http://www.minervashobo.co.jp/